カウンセラー、元不登校の高校生たちと、フリースクールをつくる。

学校に居づらい子どもたちが元気に賑わう集団づくり

野中浩一 著
（松江未来学園長・公認心理師）

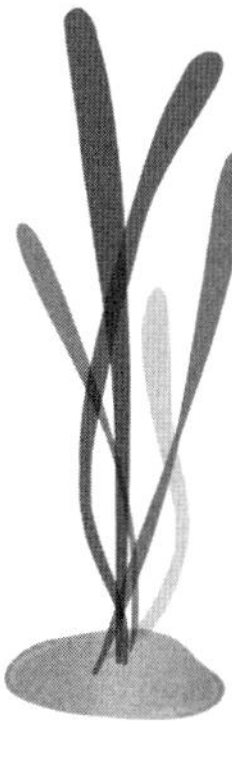

tomi shobo
遠見書房

推薦のことば

1　本書の刊行を心から祝福します

私は著者野中さんが東亜大学大学院臨床心理学専攻博士後期課程のとき、指導教官だった村山正治です。本書の「推薦のことば」を書く機会をいただき大変光栄です。新しい映画が完成し公開される前の試写会に招待されたようなイメージで、試写会ならぬ読後感を読者の皆様に先がけて書く特権を嬉しく思います。

本書は2部とあとがきの3部構成になっていますが、それぞれの章は独立しているので、読者はご自分の関心のあるところから読み始めることをお勧めします。どの頁も「野中流」のオーラにあふれています。

2　「はじめに」と第1章は、他書に例がなく、著者の生き様・生き方そのものが冒頭から書かれていて、魅力的です

28歳でフリースクール立ち上げの決心をした著者が、時に揺れつつ、危機を乗り越えながら歩んできた成長過程が、松江未来学園の歴史そのものとして描かれています。フリースクールを起業したい人はぜひここを読んでください。きっと元気が出ます。

もう一つ本書のすぐれた点は、各章の終わりごとに、必ず論点整理があることです。社会学者の現状認識や不登校現象の歴史とデータを添えて、全体が展望されています。不登校といわれる生徒達の全体像、さらに生徒たちの在り方がきちんと記述されています。

加えて、不登校を個人の心理的問題だけに還元することなく、家族論、社会制度論や時代性、関係をつなぐ教育機関の役割まで組み込んでいるところも本書の良さです。著者もこれを「雑食性」と呼んでいます。これからは、多様な支援者がネットワークを組んで、対話、理解、支援をしていく時代です。著者はその先端を歩いています。

3　私は「はじめに」「あとがき」と「付録」から読んでみました

著者自身の経歴をよむと、著者を身近に感じ、本全体が読みやすくなる感じがしました。また著者の15年間のフリースクールの経営者としての在り方、大切にしてきた「野中流の哲学」とよんでいい人生訓が100条書かれています。これは、保護者、教師、福祉などさまざまな領域で生きている私も含めた読者の方々がご自分の人生体験をチェックできるプラグマティックな哲学です。新しいご自分の人生哲学を生み出すチャンスとなると信じます。

文献リストは学術書並みの濃密な広さをカバーしてあります。ここは著者が「はじめに」でいう「雑食性」が遺憾なく発揮されていて、とても役立ちます。

4　著者による松江未来学園を支える理念ないし哲学

第3章、第4章、第5章に野中を支える2つの理念を書いています。それはカウンセリングの巨人カール・ロジャースの治療論、人間論、援助論であり（第3章、第4章）、もう一つはオランダの「イエナプラン」です。著者の15年にわたる実践体験と大学院教育で得た知識を統合したものです。

5　「オープンモデル」の重要性

教育の領域では欧米でも日本でも〝脱信念対立〟がポイントです。方法論でなく理念として把握することが大切で、この理念をどう応用していくかは、それぞれの立場と、そこで活動している人達が決めていく。これを「オープンモデル」とよんでいます。この考え方は、教育領域だけでなく、心理療法などの対人援助職の領域では特に重要であると私は考えています。

著者が主張する理念は、ＰＣＡ（パーソン・センタード・アプローチ）とイエナプランの2つであり、野中達の実践で松江未来学園の教育そのものがこの理念を大切にしています。

6　第7章〜第12章：変化する対人援助職の中で

1対1の臨床だけでなく、グループ臨床、家族臨床、コミュニティ臨床が展開されています。子ども、学校、家族、地域まで視野に入れたコミュニティ支援論が展開されていて素晴らしいです。

7　第7章～第12章までの実際の事例はすべて著者を事例として取り上げていることは注目に値します

プライベートな著者の両親との関係が書かれていて、著者の自伝的要素が強い本であり、この種の本には見られない部分であり、著者の等身大の在り方が読者に迫ってくる好書です。

8　コラム方式という新しい工夫

本書では、コラム方式を採用して、読者、特に保護者に理解しやすく解説する工夫が凝らされています。「コラム」は松江未来学園の保護者用通信です。生徒達が直面している不登校はじめ依存症などさまざまな心理社会的問題をとりあげ、①事例をあげて具体的に解説、②そのテーマに関するリサーチデータの提示・教育社会学者の解説と問題点の整理、③著者の実体験を含めた事例を主に著者個人や家族の体験が語られ、後は読者が考え自分で選択する、という構造になっています。これは著者のように、①学園代表という管理者（行政に関わっている）、②学園の教師として生徒に関わっている実践家、③①②を統合しながら全体を展望できる高度な専門性の3つの活動軸があってこそできることであり、まさに本書のオリジナルなところです。

9　本書は松江未来学園というコミュニティの代表、経営者、教師の立場からの哲学と実践、その展開の結晶です

不登校関係者はもとより、日本の教育の現状を何とか変えようとしている対人援助職、臨床心理士、その院生達、保護者、自治体の教育委員会など多くの人達に読んでいただきたい。

本書は大学院で習得した深い学識と著者自身の実践体験と代表者で経営者という3つの相異なる体験を統合した見事な本です。これからこの本が基点となって松江未来学園のさらなる展開が起こることを心から願っています。

九州大学名誉教授
村山　正治

はじめに

この本は、ちょっと変な対人援助論です。

学校やクラスに「いる」ことが難しい子がいます。
勉強を「する」、集団行動を「する」ということ以前に、
そこに「いる」こと自体に困難を抱えているケースがあります。

不登校になった子に加えて、潜在的にいづらく感じている子も含めれば、
クラスの2割くらいの子が「いる」ことの困難を抱えていると感じています。

この本は、当時28歳の私がなりゆきでフリースクールの運営をすることになり、
「いる」ことの難しい子どもたちと一緒に学んできたこと、
そして15年間の対話や遊びや失敗やすれ違いから得たことについて書いたものです。

はじめに

学校に通えないと思われていた子が学校に通い、
集団が苦手だと言われていた子が集団の中で笑いあい、
人前で意見を言わないと思われていた子が集団の中で自分の意見を語り、
勉強に向かえないと思われていた子が毎日勉強に向かい、
支援が必要だと思われていた子が、人を思いやり声掛けや手助けをする。

そこに至るまでの試行錯誤の過程を、私自身の人生と交差させながら書いています。

この本は、こうした2割くらいの、クラスに「いる」ことが難しい子を気にかけている大人に向けています。
その大人は担任の先生かもしれないし、養護の先生かもしれないし、カウンセラーかもしれないし、あたたかい目で子どもの今を心配している誰かです。

そうした身近な子どもの今を見守っている大人、簡単な解決などない中で「どうしたらいいんだろう」と日々模索している方々のささやかな支えの一部分になることを願って書いたものです（もし読んでみて分かりにくさを感じた方は、まずは間に挟まっているフリースクールコラムだけを読んでみてください。このコラムは、私が運営するフリースクールで保護者さん向けに配布した文章です。そのため比較的読みやすく書かれています）。

「思春期の子どもの援助論」および「そのための環境づくり」が話題の中心ですが、その周辺のこと、スマホ依存や勉強への動機づけ、子育てや家族関係や田舎暮らしや経営や教育制度論など、多岐に渡る話題が混ざっています。

この雑食性が本書の変なところですが、その理由は読後感とあとがきに委ねたいと思います。よければ最後までお付き合いいただけると幸いです。

目次

目　次

目　次

第1部

フリースクール流「不登校」回復論

第1章 フリースクールをつくろう

◎フリースクールのこころ

私が起業をしてフリースクールの仕事に携わったのが約15年前。右も左も分からない中で試行錯誤の連続だったが、主観で語るならば、1年目は順調だと感じていた。一生この仕事に関わっていくと肚がきまっていたことと、すべてが初体験という緊張感も手伝って（加えて20代という若さもあり）、生徒や保護者と共に、なにごとも一緒に体当たりでよい時間を過ごすことができたように記憶している。

しかし、2年目からはさまざまなことが起こった。とくに印象的だったことは、その年のうちに数名の生徒が辞めたことである。後から考えれば、活発に遊ぶ生徒と私との連帯ができすぎており、まだ打ち解けきれていない生徒やさまざまな事情をもつ生徒たちにも、自分の定規を当てはめた無理が祟ったように思う。今まで一緒に遊んでいた入学間もない生徒がふと来なくなり、絵を描くことが好きだった生徒が通いづらさを訴え、疾患を抱える生徒の母と些細なことで諍いが起こり、人との関係に敏感で自分の所在なさを感じていた生徒が荒れて通学が滞ることが、1年の中で次々と起こった。保護者と面談をし、ときに家庭に出向き、それでも辞めていく生徒たちがいた。しかしそんな中でも新たに転入してくる生徒は多く、すぐに生徒数は30名を超えるまでに増えていった。

辞めていく生徒がいる中で、それでも生徒数は増えていき、生徒たちと過ごす日々の時間は忙しく流れ続けた。このちぐはぐな状況の中で私が感じたことは、「辞めた生徒に対してもっと早い段階でできることがあったはずだ」「生徒たちはほかに頼る選択肢が少ない中で再起を期待して入学してきたのに、その子の人生を停滞させてしまった」「それでもこの場所を必要としている人がたくさんいる。今自分にできることは何だろう」ということであった。運営している自分の気づきや気づかいひとつで生徒が人生の進路変更を余儀なくされずに済んだであろうことを考え、強い後悔を感じていた。

この経験から、自分が今理解できる範囲を超えて、今以上に生徒やその家族を一人の人として感じられるようになるために、専門学校（精神保健福祉士学科）や大学院（人間科学研究科）の門をたたいた。そして臨床実践と研究を両輪にすることで自身の臨床家としてのバランスをとり、慣れに任せて生徒たちの変化を見過ごすことがないよう、注意深くあろうと考えるようになった。そして3年が経ち、自身で経営を担う新たなフリースクール兼広域通信制高校（※1）のサポート校を開校する準備をしていた。その矢先、私が以前に受けもっていた生徒に不幸があったとの知らせを受けた。1週間前に私はその子と久しぶりの再会をしており「一緒に遊んでいくかい」「今日はいい」というやりとりをして間もなくのことだった。信じられない気持ちとともに、命の重さと尊さを痛感して余りある出来事であった。

その後開校したフリースクール「松江未来学園」（以下、本学園）は、通学型の通信制高校（サポート校）としての機能をもち、「ずっと相談できる場所」を理念とし、「せまく・ふかく」「学校の機能＋家庭の機能（の補助）」の方針を掲げている。まずは日々を楽しむこと、そして生きる気力を低下させたり挫いたりする緊張感や不安感の一部を一緒に背負い和らげること、人生に伴走しながら一緒にさまざまを経験していくこと、卒業して巣立った後もいつでも戻って羽を休められる宿り木であることを実現していきたいとの思いからきた理念である。さらに運営者である私自身も道の途上にいる者として、そして人生を歩むひとりの人として、ごく平凡な日常を皆と一緒に生きていくことを忘れずにいたいと考えている。この「ごく平凡な日常を一緒に生きる」という姿勢は、本学園の運営における基本であり、人の育ちに関わる上での要点であると考えている。

◎フリースクールへのニーズ

フリースクールは日本全国に多数あり、日本フリースクール協会、フリースクール全国ネットワークなどの全国ネットワークも構築されている。また、そのあり方は多種多様である。現在の日本の教育の枠組みにおいてドロップアウトする生徒たちがいる事実があり、こうした学校における集団生活、学業、人間関係等において「続かなさ」をもつ子どもたちに、フリースクールというオルタナティブな教育の道が拓かれている。

吉井（1999）はフリースクールの役割について、諸外国では「多かれ少なかれ自由主義教育の立場をとる」一方で、日本では「第一義には不登校生のため学校外の学びの場又は居場所としての役割がある」としている。こうした意味において日本のフリースクールは補完的な立場をとる。つまり、フリースクールはメインストリームたる学校でうまく適応できなかった一部の生徒に対して補完的な役割を果たしているというのである。しかし反面において公的な認可学校の方が経営面の安定や社会的信用という大きなメリットをもっていることも忘れてはならない（武井・金、2011）。また、学校基本調査において１９６６（昭和41）年から「学校ぎらい」の語が用いられ、「登校拒否」の語を経て、１９９８（平成10）年から「不登校」の語に変化してきた経緯がある。不登校の語が公的な統計で用いられるようになって20年以上が経ち、２０１６年には「教育機会確保法（義務教育の段階における普通教育に相当する教育の機会の確保等に関する法律）」が公布され、日本においてもフリースクールが補完的な役割のみにとどまらず、多様な生き方の１つとして、オルタナティブで自由主義教育的な役割が模索されている。

以上より、学校に通いづらくなった生徒、もしくは既存の学校ではない場や既存の学校ではできない体験を求める生徒、何かしらの生きづらさを抱える子どもたちがフリースクールを利用していると考えられる。このような状況下でフリースクールに求められていることは何であろうか。利用する子どもたち、その家族、現状を生み出している社会制度や時代性の中で、関係を紡ぐ場として、教育機関として、どのような役割が求められているのか。

※１　広域通信制高校：全国にまたがりその高校の卒業資格を取得することができ、そのほとんどがサポート校（または学習センター）と呼ばれる、本校外における学習支援を行う教育施設を多数持つ。広域通信制高校は２０２０年に１０９校（通信制高校全体は２５７校）あり、１９９６年の６校（通信制高校全体は90校）、２０１２年の81校（通信制高校全体は２１７校）から飛躍的に数を増やしている。広域通信制高校が数を増やす中で、活動の把握が困難であるサポート校の管理・運営体制や教育の質が問われている。

フリースクールコラム　4月「安全感と対話」

子どもが育つとともに、親も一緒に（親として）育つ。この言葉は、親と子は十分な関わりの中でお互いに成長しあうものだという意味で用いられます。私自身も一人の親として、この言葉を忘れてはいけないないと感じることがあります。

3月の卒業式の前、卒業生のご家族が3年間のお礼にとご挨拶に来られました。その際「うちの子は小学校も中学校も含めて、松江未来学園での卒業式が皆と一緒に出るはじめての卒業式なんです」とのお話を聞きました。私はそのとき、親子で多くの困難を乗り越え、葛藤や苛立ちや失望や苦しみを抱えながら今日まで成長し続けてきた生徒本人とご家族の苦労が、まさに報われる瞬間に立ち会わせていただけた実感を得ました。

今年度のコラムでは、私も含め、みんなが相互に成長しあうために大切なことはなんだろう？をテーマに、僭越ながら、多少の心理学を学んできた者として筆をとらせていただきました。

私は、本学園で出会う生徒たちも含め、人はみな「それぞれの人生の流れ」を内にもっていて「成長する力」が備わっていると考えています。その流れが滞り、成長力がうまく発揮できないとき、さまざまな問題・トラブル（だと周囲が感じるものごと）が起こったり、気力が湧かなくなってしまいます。

こうした子どもたち一人ひとりの「人生の流れ」をスムーズにして、「成長する力」が発揮されるために大切なことの1つに「安全感」と「対話」があると考えています。そこで、まずは私の大学院の恩師である村山先生と、若者の精神的危機に向き合ってきた岡田先生お2人の言葉を引用しながら、安全感と対話の意味を感じてみたいと思います。

学校や職場への新入当初は、よりどころが希薄なため、どこで何をやっていいかわからず、不安（初期不安）が高まりやすい時期です。「小1プロブレム」や「中1ギャップ」という、新たな環境に適応しにくい時期についての呼び名もできたほどです。また、小中学生のみならず高校生や大人でも初期不安が高まりやすい時期があります。そんな時期は集団・一斉行動がいき過ぎるとより不安が高まりやすくなるため、まずは『一人ひとりでいてもらう。そして今の気持ちを味わってもらう』。そして『いろんな気持ちを持っていて大丈夫、そういう気持ちを自分に許すことができる場を体験してもらう』（村山、2010）ことが初期不安の緩和、安全感を育みます。こうした不安なときは、無理に前向きにしようとするより、不安な気持ちや嫌い・イヤなどネガティブな感情が適度に出せる方が安心できることもあります（ただし、何事も過ぎたるは及ばざるが如しですが）。

また初期不安が高まる時期ほど、対話が大切になってきます。対話が成立するために必要な条件は『「安全感を守る」ということです。…（中略）…相手がよく話す状態を作っていくことが、親密さや信頼を深めていくのに有効なのです。そして、その第一歩が、聴くという姿勢なのです』（岡田、2011）。つまり「聴く」ということが、安全感を守る対話の基本姿勢になります。

繰り返しになりますが、まだ馴染んでいない場や知らない人が多い状況では、初期不安を緩和して安全感を守るための「対話」、とりわけ相手に関心をもって「聴く」ことが大切なようです。そこに「笑顔」が加わればなおのこと効果を発揮します。本学園でもこうした初期不安が高まりやすい、まさに4月は非常に重要だと考えています。ナイーブになりやすい時期だからこそ、ご家庭でも安全感を大切にした、受け入れる姿勢での対話、共感して聴く姿勢に心を寄せていただくといいのかもしれません。とはいえ思春期の年代はときに対話が難しく、思ったように親心が届きにくい年代でもあります。日常の中でお互いを感じ合い、ほどよいタイミングが訪れるのを気長に「待つ」ことも大切な一歩なのかもしれません。

第2章 不登校ってなんだ

◎不登校とフリースクール

15年前、できたばかりのフリースクールに最初に入学を決めたのは３人の高校生男子であった。その後2、3カ月の間にさらに女子が数名入ってきて、１年が経つ頃には利用者が20名になり、２年目で30名を超えた。このようにフリースクールやそこに通う生徒について私が（そうした場があることを知らない）誰かに語るとき、「何が原因で不登校になるのか」「どんな子が不登校になるのか」「何でそんなに不登校が増えたのか」と聞かれることがよくある。

文部科学省の『児童生徒の問題行動等生徒指導上の諸問題に関する調査』によれば、不登校の児童生徒は、コロナ禍を経た２０２１年度、小・中学校で２・６％にあたる約24万5千人、高校で１・７％にあたる約５万１千人が不登校になっているとの調査結果が出ている（表１、２）。特に小・中学生の不登校は、ここ10年で徐々に人数および割合が増え、直近４年で急激に増加している。一方で高校生

表1　不登校児童生徒数の推移（人）

	2012年度	2013年度	2014年度	2015年度	2016年度	2017年度	2018年度	2019年度	2020年度	2021年度
小学生	21,243	24,175	25,864	27,583	30,448	35,032	44,841	53,350	63,350	81,498
中学生	91,446	95,442	97,033	98,408	103,235	108,999	119,687	127,922	132,777	163,442
高校生	57,664	55,655	53,156	49,563	48,565	49,643	52,723	50,100	43,051	50,985

表2　不登校児童生徒の割合（%）

	2012年度	2013年度	2014年度	2015年度	2016年度	2017年度	2018年度	2019年度	2020年度	2021年度
小学生	0.3	0.4	0.4	0.4	0.5	0.5	0.7	0.8	1.0	1.3
中学生	2.6	2.7	2.8	2.8	3.0	3.2	3.6	3.9	4.1	5.0
高校生	1.7	1.7	1.6	1.5	1.5	1.5	1.6	1.6	1.4	1.7

（出所）文部科学省「児童生徒の問題行動・不登校等生徒指導上の諸課題に関する調査」より

の不登校は、人数・割合ともに大きな変化が見られない。この点、義務教育外である高校は、通信制も含めた多様な学びの選択肢が増えてきているのに対し、義務教育で居住地域の縛りが大きい小・中学校では、退学や留年がないため不登校のまま時を過ごすことが常態化している現状や、それゆえに児童生徒や家族が別の学びの場を模索する動機や緊急性が（高校に比べて）薄いこと、それに伴い民間の学びの場が勃興しにくいことなど、複合的な要因があるように感じられる。

不登校の理由は「不安など情緒的混乱」「無気力」「友人関係や親子関係をめぐる問題」「学業の不振」が主と考えられている。加えて、旧来の児童生徒の登校拒否現象の研究における原因仮説において、その根底には、分離不安（鷲見ら、1960）、適応異常（佐藤、1959）、自己と経験の不一致（鑪、1963）があると指摘されてきた。しかし不登校にはいろいろの症状と心理的メカニズムがあり（三好ら、1960）、現在は複雑系として捉えられている。そのため、明確な原因を把えようとする試みはかなり困難なように思われる（村山、2005）。

このように過去の学校生活においてさまざまな経緯があり不登校という肩書きをもってフリースクールの門を叩く生徒が多いなか、生徒たちは何を求めてフリースクールに通うのか。生徒を対象として、何度かにわたりフリースクールに来て良かったことをアンケート調査したことがある。その中で、変わらずもっとも多く挙がる回答は「友達と話ができる」「スタッフと話ができる」「アットホームで話がしやすい」といった他者とのコミュニケーションに関するものであった。このことから、「受け入れられていると感じられる場」や「自分に関心を示し話し相手となってくれる人」を求めていた生徒たちの現状が見えてくる。つまり、学校に「いる」ことを可能にすること、その子の拠りどころになることがまず初めにきて、そうした生徒一人ひとりの安全感の集積が、人との関わりを通じて成長を促進する土壌になると私は考えている。

現代の核家族化や地域コミュニティの衰退、ひとり親家庭の増加など、「豊かさ」の裏で「人それぞれ」が蔓延する今、子どもたちの安全感を保障してくれるはずの家・地域・学校といった拠りどころがおぼつかない。アメリカにおける研究においても「40年前、生徒の教育は五本の柱に支えられていた。家族、文化、宗教、コミュニティ、学校である。高い離婚率や両親が家の外で共稼ぎするという経済的、個人的なニーズによって、家族が子どもの教育に目を向けることも、支えることもできなくなっているのである」（ロジャーズ・フライバーグ、2006）との提言がなされている。日本においては「できなくなっている」と断定することは早計であろうが、身近な大人が愛情・興味・関心をもって子どもを理解しようと努め、子どもと一緒に過ごす時間の中で大人自身も相互学習し、子どもが自らの課題に向かうことを尊重しつつ成長を促進していく機能について、各家庭や各地域や各学校による格差が生じていることは否定できない。

フリースクールコラム　5月「理解は好循環のもと」

5月になりました。松江未来学園の子どもたちの成長を見ていると、大人の想像を超えることがいかに多いかと思い知らされます。「男子三日会わざれば刮目して見よ(男子は三日も経てばずいぶんと成長しているものだから、次に会うときは前と違う目でみなければいけない)」という言葉もありますが、男子に限らず、中・高生等の時期はいつのまにか大きく成長しているものです。私も含め、親はつい我が子の過去の未熟さの記憶を引きずってしまうものですが、成長にこそ目を向けていきたいと感じることがあります。

先日、本学園に置いてある大型の鉢植えの土が床にこぼれて散らかっていたことがありました。私と3人の男子生徒がそれに「あっ」と気づきました。すぐに1人の生徒が手で土を鉢植えに戻し始めました。それを見て私が「けっこうこぼれてるから、ほうきで掃いてから掃除機かな」とつぶやくと、別の生徒がすぐにほうきを取りに行き掃きはじめ、また別の生徒が掃除機をもってきて残った土を吸い取り、あっという間に床が綺麗になりました。私はその様子を見て、その手際の良さや連携のうまさに感動をおぼえました。この一連の動きが、1年前のその生徒たちからは想像もつかないものだったからです。

できる限り曇らぬ目で、刮目して人の変化や成長を捉えるにはどうしたらいいのでしょうか。人は、人生においてすべてが思いどおりにいくわけではなく（どちらかというと思いどおりにいかないことが多く）、人と人との関係の中で困難や挫折とも折り合いをつけながら、一歩ずつ前に進むものだと私は考えています。このような山あり谷ありの複雑な人生の道を歩む中で、人と人とがどう「理解」し合えるのか。それが今回のコラムのテーマです。

まずは心理療法家カール・ロジャーズの言葉（ロジャーズ、2001a）から、理解の難しさと大切さを感じたいと思います。「私たちが他人の言葉を聞いたときの最初の反応は、たいていの場合、最初は、それを理解することよりも、すぐに評価したり、判断を下したりするものである」。それはなぜかといえば「他人を本当に理解しようとすると、理解することによって私が変化するかもしれない。私たちは誰でも変化を恐れている」からだと述べています。だからこそ、「相手の見方やそれに伴う感情を受け入れて、相手が見ているままに相手を理解することが、その人に変化することを許す援助につながる」と言っています。やや難しい言い回しに感じられるかもしれませんが、上記の「他人」や「相手」の部分を「我が子」や「生徒」に置き換えると少し分かり易くなるのではないでしょうか。

また、ロジャーズは「理解」について、「理解する」ことは「理解しようとする」ことであり、大事なことは「相手にその態度や方法がどう知覚されているか」であると述べています。つまり理屈ではなく、相手が「自分は理解されている」と感じていることが、人生を前進していくための力になる「理解」だと考えられます。また、ロジャーズは（われわれが）自己一致していて、受容的で、共感的理解をもって相手と接すること、こうした「成長への促進的な態度が、開放的な表現を可能にする雰囲気をつくりあげることができる…（中略）…この種の雰囲気の中での開放的な表現は、コミュニケーションをすすめる。よりよいコミュニケーションは、非常に多くの場合理解をもたらし、理解は古くからあった多くの障壁を洗い流してしまう」と述べています。

子どもと関わる大人が、自分らしく、子どものありのままを受け入れる気持ちと共感の姿勢をもつとき、大人も子どもも開放的になっていきます。そうなると家庭内や学校内でのコミュニケーションが活発になり、そうしたコミュニケーションがお互いの理解をもたらし、その理解による相互作用が家庭内や学校内にこびりついた障壁（あるいは負のパターン）に変化をもたらすようです。

最後になりますが、自分自身が固定観念や過去のイメージでものごとを見ているか、それとも新たな変化や成長に拓かれているかを計る指標として「応答」があります。過去の会話の中で相手（例えば、我が子）が発した言葉、そして表情や雰囲気を思い出してみてください。案外自分の発した言葉やそのときの感情は覚えていても、相手の「応答（言葉やそれに伴う表情や感情の手応え）」は消えてしまいがちなものです。ニュアンスや断片の切り取りではなく、確かなやりとりの記憶として相手の「応答」を鮮明に思い出せれば、敏感に「理解」しようとしている状態、過去のイメージにとらわれずに刮目して相手を見ようとしている状態といえるのではないでしょうか。さらに、そうした問答を文章として書いてみたり、改めて言葉にしてみると、より理解が深まるきっかけになると思います。

第3章　松江未来学園という場所

◎「続かなさ」が「続く」に変化する試み

２００６年12月、それまで東京都板橋区に住み、学習塾で3年間勤めた私が、さまざまな巡り合わせの賜物として島根県松江市でフリースクールを運営することになった。

個人的なことになるが、この時期、島根県の雲南市に妻とともに移住し、第一子を授かり、多くの人の力を借りて起業し、その直後に島根県松江市で初となるフリースクール（兼通信制高校サポート校）の立ち上げに携わり運営を受託するということが、２００６年の1年足らずの間に起こった。そしてその4年後に、それまで一緒に活動してきたスタッフとともに新たなフリースクールを立ち上げ、現在に至っている。私の個人的なことも含めて述懐したことについては、私に家族がおり、かつ私自身が子をもつ親であることと、頼りの少ない中で起業したこととが、後述するさまざまな場面で、少なからず影響を及ぼしている可能性があると考えたためである。

本書は、フリースクールの立ち上げから現在までの15年間に私が問い続けてきたこと、「この出会いに対して、彼ら（生徒や保護者）は何を求めていて、私に何ができるのだろうか」という問いへの試行錯誤のプロセスが含まれている。そうした問いの一つの答えとして、「ずっと相談できる場所」の理念のもとで、スタッフや生徒・保護者とともにフリースクールを形づくってきた。そして、生き生きと親密な関わりが交差する拠りどころとなること、卒業後も継続して気軽に戻ってきて雑談や相談ができる古巣となることを目指してきた。この考えは生徒やその家族と関わる中で湧き上がってきたものであり、この理念の方向性が生徒やその家族の回復の頼りになると考えてきた。

前述の理念を想起する過程において、数多くの出会いや別れと、私自身が向き合うべきいくつかの課題と、困難や喜びや落胆や興奮を覚える多くの出来事があった。学校に行きづらくなった生徒たち、そしてその状況にどう対処していいか困惑している家族。私が見てきたその一人ひとりの人生の一場面は、不登校という紋切り型の言葉で一括りにできるものではなかった。私はこうした学校への行きづらさや人生における生きづらさ、そして学校生活・部活動・アルバイト・仕事などでの人間関係や役割において繰り返される挫折や短期間での乗り換えを「続かなさ」（※２）として捉え、「続かなさ」が徐々に「続く」に変容する道のりを模索してきた。

◎本学園の枠組み

本学園は、通信制高校のサポート校としての機能をもち、主に高校生の年代の生徒が高校卒業を目

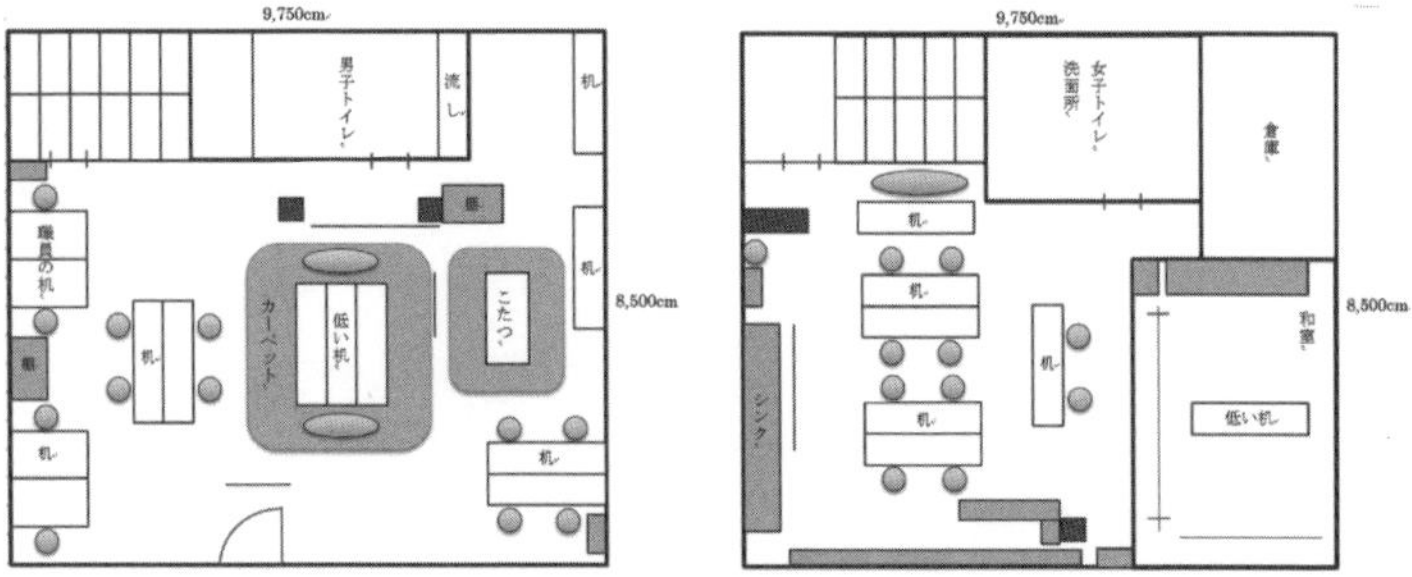

図１　本学園の間取り（2017 年）

的として日々通学している。在籍生徒は35名程度（年度により変動あり）で、週3日登校する生徒と週5日登校する生徒が混在している。そのため1日あたりに登校してくる生徒は15～20名程度である。職員は1日に4、5名程度が生徒の学習および生活・心理面のサポートを行っている（２０１９年時点）。

本学園は月曜日から土曜日まで週6日間、9時～16時の間で運営されている。通信制高校の単位取得に必要な学習のみならず独自の行事や活動を日々行っており、集団で学習や各種活動を行うことに加え、生徒それぞれの事情に合わせた個別対応も行う個別教育（※3）の性質を備えている。加えて生徒の初期不安を緩和し、本来もつ力が発揮されるための心理的支援およびグループワークを学校組織づくりの根幹に取り入れている。

高校卒業のための学習支援も行う一方、リビングルームのような空間の中で和気藹々と過ごせる空間づくり（図1）が活動の起点となっている。その実態を言語化するならば、そこに集う成員が立場や年齢を越えて共にある仲間として、楽しみ、学び、語り合い、そしてささえあうこと、大人の強制や期待に従うのではなく、自分自身と向き合うことを通じて自己を修復し、次第に元気を回復して関心の焦点を内界から外界へと転換し、さらに友人関係の広がりや達成動機を満たす活動を求めて、自己決定を経た上で進級、進学、社会参加へとすすむ（吉井、1999）ことに主眼を置いたオルタナティブな学び舎（※４）である。

◎ストレス緩衝のためのモデル

日本においてフリースクールに通う生徒の多くは、全日制の学校生活において、不適応とみなされ紆余曲折を経てドロップアウトした経験をもつ。ゆえに本学園は再起を図るための場所であり、個別性が高いニッチな場所として全日制の学校の補完的な役割を担っている。

こうしたフリースクールを利用する生徒や家庭には、発達凸凹（※５）などの個人特性や精神疾患、家庭内での課題を持つケースも少なくない。そのため、大集団の中で違和感や居心地の悪さを感じる、規則や指導など組織的枠組みへの適応が弱い、場の空気を読んだり一般的な常識を捉えることに困難がある、知覚統合や注意記憶のばらつきがある、漢字やアルファベットや計算など部分的な学習困難がある、傷つきやすく回避的な傾向があるなど、個々の機能的な凸凹が認められることがある。

一方で、個々の機能的な凸凹について、本人の自認や社会全体の認識が薄いこともあり、知らず知らずのうちに社会的な困難に陥ることがある。こうした社会的な困難に陥る過程で生じるストレス反応について、アメリカ国立労働安全衛生研究所（NIOSH）の職業性ストレスモデルを学校生活に当て

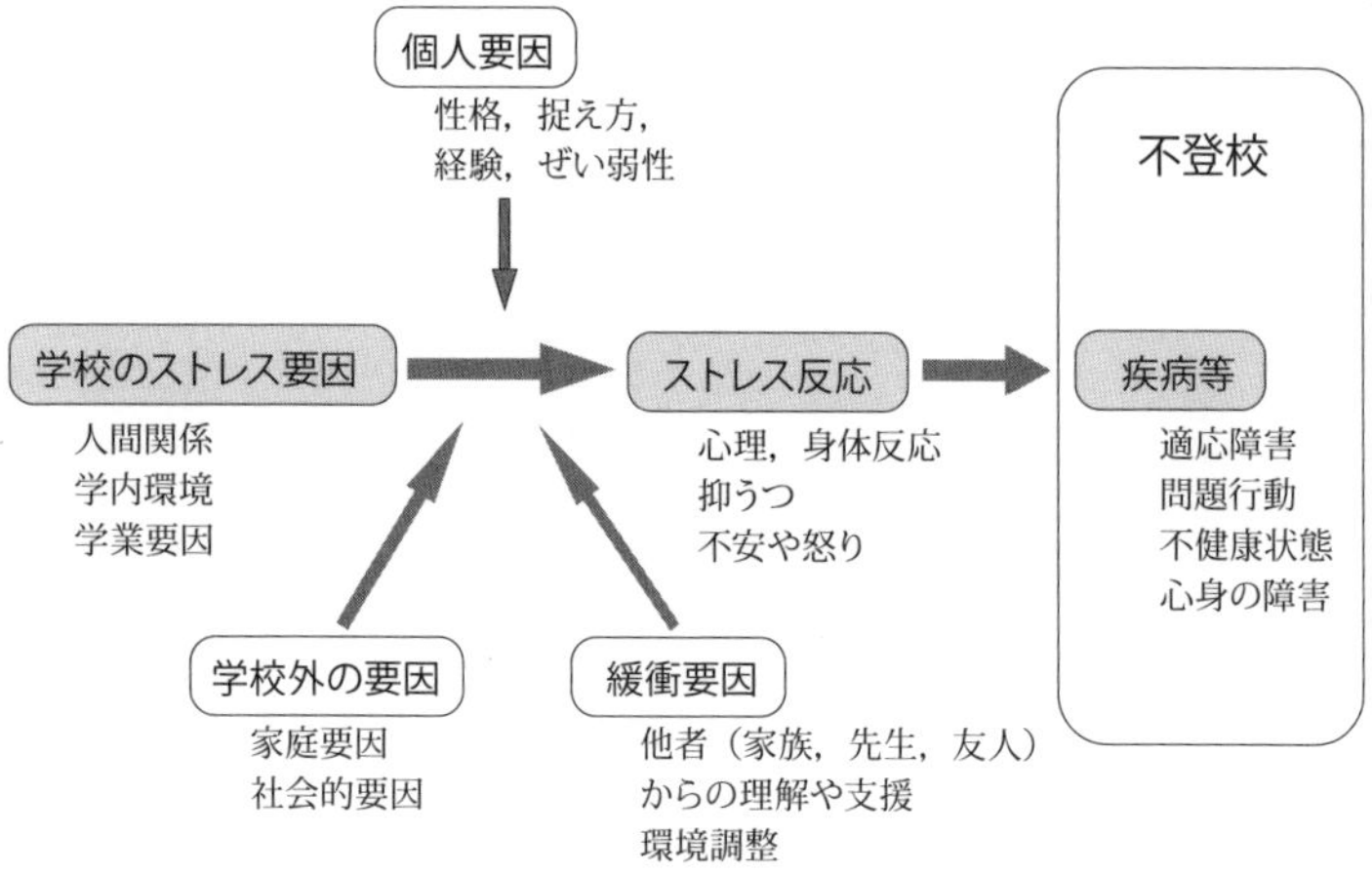

図２　学校におけるストレスモデル
（米国立労働安全衛生研究所　職業性ストレスモデルを元に一部改変）

はめて解釈し改変した「学校におけるストレスモデル」を図２に示した。このモデルは、慢性的なストレスにより集団への不適応や不登校になる前に、どう予防できるか考える材料として提示したものである。積み重ねられるストレスがその子にとって決定的なダメージにならないために、どういった要因が強く働いていて、どのように緩衝できそうかイメージする指針となるモデルである。

本学園では、前の学校に通っているときは「うつ状態」「適応障害」など診断が出ているケースでも、症状が緩和もしくは解消されることが多い。その理由として、①当該モデルを基として、個人要因および学校内外の要因に対して日々の見立てを行い、個々人・各家庭・クラス集団それぞれに見立ての言語化およびフィードバックを行っている点、②特に家族が抱える不安感や家庭課題を把握し、何か問題が起こる前の連絡や笑い合える関係づくりを重視している点、③学園自体が日常的な人間関係および学習・認知の困難感に対して、生じた緊張や不安を共有し、集団生活の中で一緒に折り合いをつけるための対話や提案を行っている点が考えられる。

※2　続かなさ：思春期・青年期の青年たちの不登校やひきこもり、不適応を、環境や関係性によって改善可能な習慣として「続かなさ」を捉えていく。つまり本件で扱う「続かなさ」は、学校や仕事などものごとの続かなさと人間関係の続かなさの両方を含んでいる。それは治療が必要な病気ではなく、「自らの選択を自ら放棄することを繰り返す」一方で「必ずしもそれは自らがよしとしていることではない」という習癖としてのものである。（野中、2013）

※3　個別教育（サイズに合った教育）：「自立性と共同性の育成」を目的として、①子どもの能力に合わせて適切な方法や教材を選び、子どものテンポに合わせて援助する「個別指導」、②子どもの個人差に応じた多様な教材により子ども自身が読み、知識や技能を段階的に理解・確認していく「自立学習」、③ほかの子どもたちとの相互作用を通じ、ほかの子どもとの関係の築き方や役割分担の仕方を学ぶ「共同学習」が三位一体となった、子ども一人ひとりの「サイズに合った教育」のこと（リヒテルズ、2006）。

※4　オルタナティブな学び舎：日本語では「代替学校」と訳すことができる。本来「オルタナティブ・スクール」は、一般的な学校、主流とは違う学校全てを指し、公立、私立、無認可校も含む。しかし日本でオルタナティブ・スクールという場合、学校教育法に定められている正規の学校（一条校）は含まれない（鈴木、2015）。

※5　発達凸凹：杉山（2007）による造語。英語「developmental dis-order」の意味に沿えば発達障害とは正しくは「発達の道筋の乱れ」、あるいは「発達の凸凹」という意味になるとの考え方から生まれた言葉。

フリースクールコラム　６月「弱さや未熟さが、いい」

《完璧さではＡＩにかなわない》

３年生にとって、いよいよ進路決定の時期がきました。６月からは進路のための集会や、面接・書類の書き方指導などを随時行っていきます。そんな進学や就職に関心が高まる中で、「将来なくなる仕事や、ＡＩ（人工知能）にとってかわられる仕事はなに？」「自分は何を目指したらいいの？」といった不安の声を聞くことがあります。実際にＡＩは人の想像も及ばないほどに発達し続けており、記憶する力や考える力でも人を上回るようになってきました。完璧に近づいている人工知能があり、一方で、何千年経っても完璧にはほど遠い人間がいます。今回のコラムは、こうした完璧にはなりきれない、人の「弱さや未熟さ」についてのお話です。

勉強や運動の分野では、競争や勝負をすることがあります。そうなると、ときに「できること」や「強いこと」が求められます。仕事においても、「法やルールに適切に則り」「ノルマや期限を遵守して」働くことが求められる現場も多くあります。ですが、このような「できること」「うまさ」「強さ」「正確さ」などは、完璧に近づこうとするとＡＩには太刀打ちできない時代になりました。また、心身ともに調子の波があり、老いや衰え、病気や死とつきあいながら生きている人間には、構造上の限界があります。

《弱さにみる味わい》

そんな今だからこそ、弱さや未熟さを積極的に認め、人間くささに味わいを見出していくことに着目したいと思います。日常生活は、自分のできることを磨きながら、それなりに周囲の人と折り合いをつけつつ助けあうことで十分に成り立ちます。誰かより優れていたり、完璧であることは必ずしも生きる上で必要なわけではありません。多くの仕事は、人の役にたつこと（生産する、サービスを提供する、利便性を上げる、困りごとを緩和・解消する等）で成り立っています。他者の不足や困難をキャッチして助け合うことが、仕事が成り立つ条件です。そこで極論するなら、人はみな弱さや未熟さがあるからお互いに助け合う余地があり、仕事の源が生まれていると言えるのではないでしょうか。

中国の思想家である荘子は「人みな有用の用を知りて、無用の用を知るなきなり」との言葉を遺し、一見役に立たないと思われるものが、実は大切な役割を果たしていることを伝えています。私は、弱さや未熟さもこうした「無用の用」であろうと考えています。また、社会学者の苅谷（2001）は、ひきこもりやニートの研究において、特定の階層の子どもが学習への意欲を失い社会からはじき出されている構造について、『自ら学び、自ら考える』個人、『主体的・自律的』に行動する資質を備えた個人に、だれもがなれるのか」と投げかけています。人それぞれ知能や発達の度合いが違い、向き不向きや出来不出来が多様な中、みんな一律に「自立した強い個人」になるよう求めることは、むやみに落伍者《らくごしゃ》を出すだけだということを見抜いた言葉です。

《上手に弱さを認め合う》

このように強さ弱さには個人差があります。それだけでなく同じ人の中でも、好不調の波があります。普段はなんの問題もなく過ごせている大人でも、あるきっかけでひどく弱ってしまうことがあります。今日は調子悪いなとか、疲れがたまっているなとか、加齢でできにくいことが増えたなというときがあります。また、ふと不安感や孤独感がのしかかるときや、親しい人との離別や病気のときなど、キッチリしていられないこともあります。パニックになったり、普段なら考えられない判断の誤りや、自分でも驚くような行動を起こしてしまう場合もあります。みなさん、そのような普段どおりでいられなくなった経験があるのではないでしょうか?

絵本作家のヨシタケシンスケ（2019）さんはそのあたりの弱さや未熟さを認め、そこに含まれる味わいを切り取るのがうまいなと感じます。「あしたやるよ。すごくやるよ」「その時その時に、その場にいない人を悪者にしながら、なんとかのりきっていこうじゃないか」「今しかないのに、もったいないのに、大事にできない、やさしくできない、なぜかしら」など、人の弱さをさりげなく受け入れてくれる言葉が作中にちりばめられています。

《相手に「強さ」を求めてしまう「弱さ」》

最後になりますが、人は「自分ができることを相手（たとえば、わが子）にも求めてしまう」ところがあり、逆に「自分になくて相手にある良さ」が目に入りにくくなっている場合があります。そんなとき、自分自身の過去の弱さや未熟さを思い出してもらいたいと思います。（私も含めて）人はみんな完璧じゃないからこそ、お互いのことを尊重しながら支えあっていくということは、誰しも分かっていることです。ですが、つい自分の考え方を中心に据えて相手を批判したり、相手に求めたりしてしまう自分もいたりします。一人ひとりがそこまで強く自立しなくても、弱さや未熟さをもった人間同士、力をあわせてなんとかやりくりしながら生きていけるものだと私は考えています。そしてこうした感覚こそが、完璧に近づくAI時代を気楽に生き抜く力になるのではないかと考えるのです。

第4章　松江未来学園の拠りどころ

◎ロジャーズとパーソン・センタード・アプローチ

私がフリースクールを運営するうえで、また、子どもやその家族と一緒に人生を歩むうえで、拠りどころとしているものがある。その1つがカール・ロジャーズのパーソン・センタード・アプローチ（※6）である。

ロジャーズはカウンセリングの祖であるとともに、教育および教育の場やグループの相互作用についても数多くの記述を残している。その著書『学習する自由［第3版］』（ロジャーズ・フライバーグ、2006）の中で、従来の教育は「問題点にばかり焦点を当ててきた」と警鐘を鳴らし、「私たちの生徒のために、私たちがここにいる存在理由を忘れないことこそが、私たちの教育システムの一番大切なことなのである」と述べている。フリースクールに通うことを選択する生徒たちは、さまざまな課題を抱えており、問題点に目を向ければきりがない。だからこそ「教育者が教育の現場に存在する意味は、その生徒や保護者の問題点を指摘することでもなければ、我々が正しいと思う知識や考えを押し付けるためでもない。その生徒、その保護者自身が望む方向へ人生を歩んでいくことを支援することである」とするロジャーズの論が、生徒自身のＱＯＬを重視した支援の方向性をもたらすと言える。

さらに、変化の激しい不確かな時代における教育の目標は「変化と学習を促進すること」であるとロジャーズは述べている。いかなる知識も確実なものではなく「知識を探求する過程だけが確実さの基礎」であり、「静止した知識よりも探求の過程への信頼が、現実世界における教育の目標に何らかの意味をもちうる唯一のもの」であると述べている。フリースクールにおいて、学習が滞り、学習に対する劣等感を訴える生徒は多い。特に、入学当初は学習に向かわなければいけないという言葉と裏腹に、現実には回避的な行動をとることがある。ロジャーズの考え方をもとにするならば、学習へ向かうために「探求への過程への信頼」を回復する道のりがフリースクールにおける学習の出発点となるであろう。以降より、変化と学習を促進する教育者のあり方を探るべく、「促進者」「コミットメント（関与、委任）」「グループ」という３つの要素を取り上げ、より詳細にロジャーズの教育論を読み解いていく。

◎促進者としての役割

ロジャーズは「（教師は）単なる知識の提供者ではなく、学習の促進者であるときに、生徒は進んで考えようとする」と述べている。「自由に子どものニーズにもとづいた授業を設計し、促進する」ことをよしとし、学習者のニーズと興味を優先するファシリテーター（促進者）としての役割を重視していることがうかがえる。その上で「真の教師は、学ぶこと以外に学ばせることなど何もない」として、教えることではなく、自ら学ぶ姿勢を促進することを教師の唯一の役割としている。教えること――教室の秩序を保つことや、講義や教科書によって事実を注入すること、試験をすることや成績をつけること――を放棄し、教師の役割をやめて、教師がクラスから学び、クラスが教師から学ぶ刺激的な相互学習の場であり得るかが、絶えず変化しつつある現代の環境における意味のある教育法であるとロジャーズは述べている。さらに「意味のある学習の促進は、ファシリテーターと学習者の間の人間的な関係に存在するある種の態度上の特質にかかっている」と述べ、相手をありのままで理解しようとする敏感な共感性や、役割の仮面で自分を偽る見せかけではないひとりの人として生徒の前に立つ真実性の大切さを説いている。

さらにロジャーズはより高度な促進的条件を創り出す教師の特徴として「①生徒の感情により多く反応している、②教示場面の応答において生徒の考えをより多く用いる、③生徒とより多く討論（対話）する、④生徒をより多くほめる、⑤教師はより多く自己一致した会話を行う、⑥学習者の直接的なニーズに応えるように説明がなされる、⑦生徒とより多く笑う」といった7つの傾向を明らかにしている。こうした特徴は、学習者を中心とした場づくりにおいて共通して見られるものであろうと考えられる。野中（2013）のフリースクールにおけるエピソード分析でも近似する傾向が確認されている。

◎コミットメントへの道のり

ロジャーズは「教育は（現実生活にほとんど全く関係がない教材によるものではなく）子どもの生活に直結していなければならないということ、かつ、学習はそのユニークな個人の人生に深くかかわるものから最もよく生まれるものである」と述べ、生活上での興味や課題を持っている子どもたちそれぞれを理解しようと努める、コミットメントの大切さを主張している。また、ロジャーズは「もし、私が人間を信じないならば、私は彼女が誤った道に進まないように、私が選んだ情報を彼女につめこまなければならないであろう」と、不信が生む行き過ぎた行動に警鐘を鳴らしている。誤った道に進まないようにという心配が行き過ぎると過干渉をきたし、子どもの成長を阻害する危険性があることを表している。一方で機会を与え、任せ、自身の選択を認めることの大切さにも言及しており「もし、私が個人の可能性を発展させる人間の潜在力を信じていれば、彼女に多くの機会を与え、彼女自身のやり方や方向性を選択することを認めることができるであろう」と、人の持つ潜在力を信じ、任せ、委ねることとの大切さを強調している。

以上より、個人の人生や生活と学習・教育の関与、信頼に基づき任せ委ねる作用は、生徒と教師の関係にとどまらず、教育機構や家庭の親子関係における課題とも直結していると考えられる。今まさに、生活上の問題――それは例えば家庭不和であったり、安心感の脅かしであったり、経済上の問題であったり――に直面している子どもたちが多い中で、現実生活と乖離した教育が展開され、子どもや現場を信じることに困難がある場合、何かしらの停滞や離脱が生じやすいと想像される。また、親と子、教師と生徒、学校と教育委員会など、身近な関係において本来自然発生するであろうコミットメントが何らかの形で阻害され、不信に基づく過干渉に陥っている場合には、その複雑に絡まった糸を解きほぐすのは容易でないと考えられる。

◎グループとして捉える教室

学校には、目的的でフォーマルな機能体組織としての側面と、親密さや連帯感に基づくインフォーマルな共同体組織としての側面がある。公的な学校における教室集団は、小・中・高と段階や学年が上がるにつれて、決められた時間割や学習課題、進路の選択・決定といった目的的な要素が強くなり、クーリーの理論による第二次集団（※7）、テンニースの理論によるゲゼルシャフト（※8）に寄っていく傾向がある。社会の形成者として、社会の発展のために知識や技術を習得するという学校の目的を考えれば当然のことと考えられるが、だからこそ一方でそうした集団への馴染みにくさや挫折感により一旦脱落した場合には、機能体ではなく共同体としての場が求められることとなる。

そのためフリースクールにおける教室集団では、非構成的（または半構成的）かつインフォーマルで、家族的な要素も含む第一次集団（※9）やゲマインシャフト（※10）に寄った共同体としての在り方が重視される。そこでは、回復を支え成長を促す相互作用に満ちたグループ体験により、挫折や脱落よる傷つきや不適応に変化がもたらされる。

ＰＣＡに基づいたグループでは「グループをありのままに正確に受け容れることが、究極において非常に報いが大きい」と考える。また、「そのグループ体験が個々にもたらしている意味を感じとり、個々にどういう感情を引き起こしているのか注意深く敏感に感じとり、ありのままに受け入れていくことが促進者として大切だ」とロジャーズは述べている。さらに、「私は、グループ・メンバーの行動の動機や原因の解釈をしばしば与える人を、ファシリテーターとしては歓迎しない」として、解釈主義に懐疑的な見方を示している。

加えて、教室をコミュニティとして捉えたときには「初期不安」の緩和がその後の教室運営を円滑にする鍵となる。現代日本の学校においては、行き渋りが起きやすい小1プロブレム、人間関係のトラブルが起きやすい中1ギャップが問題となっているが、これらは新たな環境や新たな集団に適応していく初期段階で不安が高まりやすいことからくる問題である。こうした新たな環境や新たな集団における初期不安の緩和について、村山（2014）は「グループって言いながら、最初にグループをやらない。一人ひとりでいてもらう。そして今の気持ちを味わってもらう」とし、初期不安の緩和においては一人ひとりでいることを認め、それぞれの気持ちを確認して、いろんな気持ちを持っていて大丈夫だという認識を共有し、楽になることが大切だと述べている。

◎教育を考える指標

ここまでロジャーズの教育論について触れてきた。「ロジャーズの良さは問題解決に行かなかったこと。本人が解決すること、本人が自信を持てばいいんだという考え方」とは、ロジャーズのもとで研究活動を行い、長年の関わりがある村山の言である。解決志向ではなく人間中心主義を貫いたロジャーズ理論のエッセンスは、欧米を中心とした自由主義教育の潮流にも色濃く見られ、日本におけるフリースクールの今後、ひいては学校教育の今後を考えていくうえで一つの指標となりうるであろう。

※6　パーソン・センタード・アプローチ（PCA）：「個人は自分自身のなかに、自分を理解し、自己概念や態度を変え、自己主導的な行動をひき起こすための巨大な資源をもっており、そしてある心理的に促進的な態度についての規定可能な風土が提供されさえすれば、これらの資源は働き始める」（ロジャーズ、2001a）との仮説に基づき、その人（クライエント）自身を中心として、成長を促進する風土をつくる考え方―ロジャーズの言葉で表すならば、単なる技術や方法ではない「存在の様式、基本的な哲学」―である。

※7　第二次集団：企業、組織、政党など非対面的で利害関心に基づく集団を指す（小笠原、1967）。

※8　ゲゼルシャフト：企業や大都市などに見られる、目的や利害関係を軸とした社会のことである（小笠原、1967）。

※9　第一次集団：家族や仲間など、対面性を基盤として親密な結合と共同を特徴としたインフォーマルな集団を指す（長谷川ら、2019）。

※10　ゲマインシャフト：家族や村落などに見られる、親密さを軸とした共同体的な社会のことである（長谷川ら、2019）。

フリースクールコラム　7月「ひきこもり考——回復のために」

ひきこもり歴の長い50代男性が、神奈川県川崎市で無差別に起こした事件。70代の父が長年ひきこもっていた40代の息子を手にかけた東京都練馬区の事件。２０１９年に発生したこれらの痛ましい事件はショッキングなだけでなく、人ごととして済ませられない、多くの人が誰知らず抱えている不安感や行き詰まりを感じます。私が関わった生徒たちもすでに30代にさしかかっており、(長期的に引きこもっているという話は聞きませんが) 中には人生の葛藤や生きにくさの声を聞くことがあり、いま私自身ができることは何かを問いかけずにはいられません。

今回のコラムは、「ひきこもり」や「閉ざした状態」の中で、何が救いになるのか。マイナスの状態から脱するために周囲の人ができることは何か。その可能性についてのお話です。

〈同治《どうじ》〉と〈対治《たいじ》〉という言葉があります。この言葉は仏教用語のようなのですが、私は五木寛之さんの著書『他力』で知りました。「悲しんでいる人に、『いつまでもくよくよしててもだめだよ。気持ちを立て直してがんばりなさい。さあ、元気を出そう』というふうに励まして、それで悲しみから立ち直らせるのが対治的なやり方です。これに対して、黙って一緒に涙を流すことによって、その人の心の重荷を少しでも自分の方に引き受けようとする、そういう態度が同治なのだそうです」。この〈同治〉と〈対治〉に関して、どちらが善し悪しではなく、時期、タイミング、バランスが大事なようです。

弱っている人を前にしたときでも、ついつい自分の感覚で話をしてしまうことがあります。「元気を出して」「この先いいことがあるから、もったいない」「世の中にはもっと大変な人はいっぱいいるんだよ」「大丈夫、あなたならできる」といった具合に〈対治〉的な励ましを行うことがあります。こうした声かけは、他人の意見を受け入れられる状態にある人にはいいのですが、他人の意見を受け入れるだけの元気がない人には、キツい言葉として刺さります。弱っている人の立場から見れば、言われなくてもわかっている、でもそれができないからしんどいのに、苦しいのに……ということになります。一時期、うつ病の人に「がんばれ」と言ってはいけないとの標語がつくられましたが、これは、気持ちがひどく弱っている人に〈対治〉的な言葉かけをすると傷付けてしまうことの一例という感じがしています。

また、女性が話を聞いて欲しくて相談話をするとき、男性はつい解決をしようと余計な「アドバイス」をしてしまうことも、似たような話かもしれません。女性は話したことに共感してもらい、自分自身の気持ち（悩みや不安など）に整理をつけようとします。ですが、男性は「どうなるといいのか」を思考せずにはいられないところがあり、つい話に解決や批評を加えがちです。そう考えると、もともと女性の方が同治的な素養が高く、男性は対治的になりがちな面があるのかもしれません。もちろん男性か女性かではなく、その人それぞれということもありますが。

カウンセリングの基礎を築いたカール・ロジャーズは、カウンセラーの態度として共感、受容、自己一致を提唱しています。相手の感覚に共感し、受け入れ、〈向かい合わずに〉同じ方向を見ようとする姿勢は、同治の考え方と近似しているようです。フリースクールやデイケアなど、生活を通じて回復を促す場所では、〈同治〉的なアプローチが重要視されます。まずは同じ目線で、一緒に過ごし一緒に感じる。こうした体験を経て安心感が高まる中で、自然と、活動（学習や作業や運動など）や人間関係が以前よりも活性化し、将来にも目が向くようになります。

人は自分がマイナスの状態のときに〈同治〉的な関わりを必要とし、同じ目線で感じてくれる「人」や、そっとそばにいてくれる「人」を求めます。その「人」は特別な訓練を受けたカウンセラーや心の専門家に限定されず、家族であり、友人であり、笑いあえる関係であり、自分を分かってくれる身近な誰かであろうと私は考えています。私が学生時代によく観ていた演劇集団キャラメルボックスのお芝居に「しかし僕は一人です。たった一人の人間です。たった一人で、何十億もの人間のことなんか考えられません。一人ではいけませんか。自分以外の、誰か一人を幸せにする。みんながそうしていけば、結局は世界がぜんたい幸福になりませんか」というセリフがあります。劇中で宮沢賢治役の役者が発する「世界がぜんたい幸福にならないうちは個人の幸福はあり得ない」というセリフに対する主人公なりの返答であり、私が感銘を受けた言葉です。日本国内で１００万人以上いるという「ひきこもり」の人たち一人ひとりの身近に、幸せを願い、一緒に笑い一緒に泣いてくれる人がいることを願うばかりです。

第5章 世界のオルタナティブスクール

◎イエナプランとの一致

私は2017年3月に、オランダのデン・ハーグおよびその近郊を訪れた。その目的は、オランダの教育、とりわけ個別教育の視察をするためである。この視察はリヒテルズ直子氏主催の研修会により実現したものであり、研修には私を含め8名の参加者が集った。その研修の中で、イエナプラン教育を実践する小学校および中等学校のほか、モンテッソーリ教育を行う小学校等を5日間の日程で視察してきた。私がオランダの教育、とりわけイエナプラン教育に惹かれたのは、私がフリースクールを運営していることと無関係ではない。

2006年からフリースクールの運営を開始し、その教育の理念や様式が次第に形成されてきたと感じられるようになった2016年。私が運営するフリースクールではカール・ロジャーズが確立したPCAの考え方を拠りどころとし、グループによる対話と一人ひとりを大切にする教育を旨としてきた。しかし、この教育を一般に周知するときになんと名付ければよいのか、どのような言葉で表現することが妥当か。そのようなことを思案し、世界のさまざまなオルタナティブ教育を調べる中で出会ったのがイエナプランであった。そのときパズルのピースがカチッとはまるように、私の理想やこれまでの実践とイエナプランの根底に一致があると感じられた。

その感覚のままに日本イエナプラン教育協会のホームページを閲覧し、関連する本や論文を読む中で、イエナプラン教育はオランダの法律や制度を土台として、その独自性が担保されていることがわかってきた。以上より、イエナプランおよびその独自性を支えているオランダの教育制度を体感すべく日本を発ったのである。そのため本章は、フリースクールを運営する私の目を通して見たオランダ教育であり、日本の教育に新たな風をもたらす要素であると感じた点をまとめた記録である。

◎オランダ教育への着眼点1

研修に触れる前に、視点を定めるため私が研修旅行以前から着目していたオランダ教育およびイエナプランのキーワードに触れておきたい。

①教育の自由（設立の自由、理念の自由、教育方法の自由）
②完全な学校選択の権利
③画一から個別へ

④サイズに合った教育
⑤生徒モニターシステム（LVS）
⑥学校ごとに教員を募集、採用
⑦オープンモデル（方法ではなく1つの概念）

以上のキーワードを念頭に置きながら、オランダでの研修体験について述べていきたい。

◎研修雑感

リヒテルズ直子氏によるワークショップを通じて多くの学びを得たが、特に印象深かった点に触れていきたい。

氏曰く、「イエナプランにおける教育の目的は社会変容である。従来の教育においては、教育に合わせて学校をつくろうとするが、イエナプランでは学校を変えることを通じて社会を変えようとしている」とのことであった。このイエナプランとは、「1927年にスイスのロカルノで開催された国際新教育連盟第4回大会において紹介されて知名度を高めた教育モデル」であり、「産業化・都市化という時代の流れのなかで有機的な人間関係を再生するために学校を社会的な共同体として機能させようとした」（伊藤、2010）概念である。

また、オランダでは「行政」の役割と、学校への支援や助言および教育施策の効果測定や批判といった「教育監督機能」の役割が別れているが、日本では行政の役割と教育監督機能が一体化しており、「教育委員会とその末端管理を請け負う校長ら管理職による微に入り細にわたる行政指導のために、教員が現場の子ども一人ひとりの全人的な発達を支援する際に必要な判断を下す自由裁量権を取り上げられてしまっている」（リヒテルズ・苫野、2016）との指摘がある。

◎オランダ教育への着眼点2

次に、私がオランダでの研修の際に着目してきたポイントについて触れていきたい。

オランダの教育は、1917年の憲法第23条改正による「教育の自由」を土台としている。教育の自由には「設立の自由」「理念の自由」「教育方法の自由」が保証されており、200人以上の子どもが集まれば学校を設立できる。「オランダの学校全体の4分の3以上は私立の学校であるが、公立も私立も国の補助は、まったく一緒である。学区はなく、保護者と子は、自分の行きたい学校を自由に選ぶことができる」（岸、2010）

また、教育内容、教材の裁量も学校にあることを基本としており、1960年代後半には「画一から個別へ」と教育改革が進められている。この個別という概念については補足が必要であろう。日本では学習塾に端を発した個別塾や個別教育というマンツーマンで学習を教えるスタイルが定着している。一方で本書における個別とはこのようなマンツーマンの学習スタイルのことではない。今回の研修においては、学校の各教室で10～20人くらいが同時に学んでいたが、その集団も学習内容や企画に合わせて個人やグループを単位として柔軟に離合集散する場面も見られた。

　このようにオランダにおける「個別最適化の教育」とは「自立性と共同性の育成」を目的とした教育であり、①子どもの能力に合わせて適切な方法や教材を選び、子どものテンポに合わせて援助する「個別指導」、②子どもの個人差に応じた多様な教材により子ども自身が読み、知識や技能を段階的に理解・確認していく「自立学習」、③ほかの子どもたちとの相互作用を通じ、ほかの子どもとの関係の築き方や役割分担の仕方を学ぶ「共同学習」が三位一体となった「サイズに合った教育」のことを指す（リヒテルズ、2006）。

　オランダ教育のシステムはＩＢ（特別支援の専任教師）による各校一括したデータ管理と個人および環境に働きかける支援だけでなく、各市町村の教育サポート機関（OBD）による個別教育の支援と橋渡し、国立カリキュラム開発研究所（SLO）による教材・方法・カリキュラム開発、テスト開発センター（CITO）による生徒モニターシステム（LVS）などがある。こうしたシステムによって、子どもも一人ひとりの発達や習熟度への理解を深めるとともに、子どもたちが学びやすい環境づくりを行っている。また、学校ごとに教員を募集・採用することができるようになっており、各学校や校長のマネジメント能力により、その学校に合った人材を適切に確保する道筋ができている。

さらに私がイエナプランに着目した最大の理由である「オープンモデル（方法ではなく1つの概念）」について触れたい。ここでいうオープンモデルとは、「基本的な考え方を〈コンセプト〉として共有しながら、個別の状況に合わせて学校関係者が自分の頭で考え応用することを積極的に認める姿勢」であり、そのメリットは「さまざまな教育運動が陥りがちな、方法や理念に対する独善主義や排他主義、また形式主義や党派性を回避する」ことができる点である（リヒテルズ、2006）。教育に限らず、なにか特定の手法や技法でものごとが良くなるわけではない。時代や場所や人や状況が変われば、それに見合った教育もまた変わる。そして、これが良い、うまくいったという方法であっても、時間の経過やそこにいる人のコンディションなどにより、同じことが通用するとは限らない。様々なことが日々刻々と変化する中にあって、イエナプラン、および前述したパーソン・センタード・アプローチは、方法論ではなく概念として理解されることが大切である。この概念をどう応用し役立てていくかは、それぞれの現場と、そこにいる人に委ねられているのである。

フリースクールコラム　8月「ゲーム依存と迷いの森」

今回のコラムは「ゲームと依存」がテーマです。私自身、小学1年の春休みにファミコンを買ってもらって以来、現在までに20機以上のゲーム機と300本以上のソフトを所有した経験があり、最近ではスマホのアプリを30タイトル以上（同時には10タイトル程度）運用するゲーム好きです。そんな私が、近年のゲームおよびゲーム依存にたいへんな危機感を覚えています。

《オンラインでゲームが変わった》

私が子どもの頃、「ゲームは1日1時間」「ゲームやりすぎるとゲーム脳になる」といった言葉が聞かれました。一方で、ゲームによって日常生活が破綻する子どもを見かけたことはありませんでした。ですが私見では2015年前後から、ゲームによって「睡眠や食事がないがしろ」になり「日常生活に大きな支障がみられる」子どもたちが急増しています。

その理由は、「オンラインの浸透」と「スマホの普及」です。多くの家庭でwi-fiや光回線でネットに繋がれるようになりました。パソコンや家庭用ゲーム機やスマホがオンラインで接続され、24時間365日、自宅にいながら他の「誰か」と繋がれるようになったのです。また、オンラインに繋がったことで「終わりのないゲーム――常に新しいデータが配信されて何百時間・何千時間と遊べるゲーム」が増えてきたのです。さらに、時間やお金をかけた分だけゲームを有利に進められるシステム、特定の時間のみ遊べるステージやもらえるアイテムなどもあり、オンラインゲームをしている人の生活時間および脳内の端々にゲームが浸透しています。

《世界の目で見たゲーム依存》

ゲーム依存の先進国である韓国には、2011年から16歳未満の青少年が午前0時から午前6時までの間にオンラインゲームのプレイを禁ずる法案「青少年夜間シャットダウン制」があります（※2022年1月、青少年保護法の改正により廃止され、「ゲーム時間選択制」が新たに施行）。中国ではインターネット依存症患者が都市部だけで2400万人と推計されており、2007年より18歳未満の依存防止システム（実名でのゲーム登録と、長時間プレイへのペナルティ）を導入しています（岡田、2014）。

また、2018年にはWHO（国際保健機関）が、オンラインゲームなどにのめり込み、生活や健康に深刻な影響が出た状態を「ゲーム障害」（ゲーム依存症）と呼び、精神疾患と位置付ける「国際疾病分類（ICD-11）」を正式決定しました。このように世界ではゲーム依存を「病気」として捉え、規制する動きがあります。脳機能が壊され、発達障害傾向や認知症傾向が生じる可能性があるとの研究報告もあります。

《ゲームにコントロールされやすい人》

ここまでゲーム依存に対する警鐘を鳴らしてきましたが、私はすべての人がゲーム依存になるとは考えていません。多くの人はゲームで遊びつつ社会生活もやりくりしています。ですが一部の人は、睡眠時間がずれて昼夜逆転となり、社会生活に影響するほどゲームに没頭してしまっています。また、依存傾向や予備軍と言える人は若年者の20％以上との報告もあります。

このようなゲーム依存は、「衝動的で注意散漫な傾向の人」「対人関係や社会生活に苦手意識をもつ人」「慢性的に孤立感・不安感など現実世界での生きにくさを感じている人」などが陥りやすい傾向があるようです。

こうした依存状態においては、ゲームがもたらしてくれる快楽にすぐに慣れが生じ、欲求不満状態となり、より長時間、より強い刺激を求めるようになります。また、刺激を受けていないときにもゲームのことが頭を占めてそれ以外のものごとへの意欲や関心が薄くなり、気分がふさぎ込みやすくなります。さらに依存が進行すると、ゲームをしていないことが大きな苦痛や苛立ちを伴い、うつ状態や無気力状態が引き起こされます。韓国で行われた研究（Kim et al., 2006）では、インターネット依存の人に自殺念慮（死にたい願望）が高率に認められることも報告されています（岡田、2014）。

《問題点と対策》

依存症では、自分で自分をコントロールできず、頭はオンラインゲームに囚われ、深みにはまり続け、社会生活に支障をきたすことになります。国立精神・神経医療研究センター精神保健研究所の松本俊彦氏は『こころの科学』（2015年7月号）の中で、「依存症（筆者注：この発言のケースでは薬物などの物質依存）から回復するためには、世界に一カ所でもよいから正直になれる場所が必要なのである。説教や叱責、罰のない、思いやりと共感に満ちた場所である」と述べています。このことは、ゲームやネット依存などの行為依存の場合も大切であろうと私は感じています。加えて、国による未成年者へのゲーム・ネット依存対策や法制化、大人一人ひとりの危機感の共有、家庭と学校とが連携したルールづくりなどが、早急かつ複合的に行われる必要があると切に感じています。

今回取り上げたようなゲーム依存やインターネット依存の治療や上手な付き合い方について、依存症の先端治療で知られ、インターネットやオンラインゲーム依存の治療にも長年取り組んでいる「久里浜医療センター」のインターネット依存治療部門、およびネット問題への造詣が深い兵庫県立大学の竹内和雄先生の「人とつながるオフラインキャンプ」といった取り組みがあります。興味を持たれた場合はまずホームページを見てみることをお勧めします。

第6章　日本の教育と選択

◎脱・信念対立

第5章のようなオランダの教育について考えるとき、日本とは風土や文化、歴史が違う中で、どちらがよいか悪いかといった方法論の競争をすることは無益であろうと考えている。また、日本の集団教育に素晴らしい点や優れている点が多々あることは、日本の教育で育ってきた私自身が深く実感していることである。

ただ一方で、日本の今の一斉教育では学びが積み重ねられないばかりか通えなくなる子どもたちがいることも事実である。また、管理側に目を向けると「問題に目を向けすぎて対処に追われてしまう図式」があり「そこから脱却しようと大義名分や方法論を掲げても、一律で浸透させようとするほど反発や批判も同時に噴出する矛盾」を抱えている。苫野（リヒテルズ・苫野、2016）はこの点を「信念対立」として「誰もが教育を受けた経験をもっているために、それぞれがそれぞれの教育観を、強固に、そして素朴に抱いてしまいやすく」「何のための教育かということが共通理解されていないからこそ、お互いの教育観や〝好み〟を、ただ素朴に主張し合う」と指摘する。

こうした信念対立を脱却し、日本の現状の一斉教育に並ぶ「もう1つの選択肢」として「個別最適化の学校」が併存することは可能だろうか。社会的な寛容性や地域コミュニティが衰退してきた現代日本の中で、大集団への馴染みにくさ、一律のペースで学習することの困難さ、個人特性の凸凹の強さをもつ子どもたちが学校への行きにくさを訴えている。こうした子どもたちにとって、サイズに合った教育を受けられる場、自分のペースで存分に力を発揮できる場が（一部であれ）求められていることは間違いない。

教員の不足や多忙が問題となっている学校の現状において、生徒個々に支援体制を付加していくことには限界がある。だからこそ少人数かつ個別最適化の学校が新たに勃興していく土壌づくりが必要であると私は考えている。そのためには信念対立脱却のほか、オランダのような各学校が裁量と責任をもってコンパクトに学校運営できる制度づくりと、教育の主体である生徒や保護者が自らの意志で学校選択できる仕組みづくりがあってもいいのではないだろうか。

改めて述べるまでもないが、日本では現在、教育ニーズの多様化、格差や貧困、少子高齢化や人材不足などさまざまな課題が同時進行している。そのため、これまで述べたように「教育の自由」の方向へ舵を切ること、中央集権教育から学校分権教育へと変化することも一つの選択肢と考えられる。その一歩として、「百の学校があれば、百の教育がある」と言われるオランダ教育への理解を深めることに意義がある。その上で、オランダ教育のいいとこ取りのツギハギではない、日本流の教育が形成されることを願いつつ、これまでフリースクールの運営を行ってきた。

◎教育の自由への道程

最後に、今回オランダで見聞きした中で特筆したいことは、オランダにおける教育の自由への道程である。オランダ教育の歴史に触れることで、「教育の自由」に向かう推進力が何かを推し量りたい。オランダでは１８４８年に立憲君主制による自由主義的な憲法が制定され、カトリックやプロテスタントが宗派学校を設立することが認められた。しかし公立学校重視の政策をとるオランダでは１８７８年の「初等教育法」により宗派学校の設立条件が厳しくなり、国庫補助の制度適用も公立学校のみであった。そのため「学校闘争」が本格化することとなる。この学校闘争とは、「オランダの場合には、宗教勢力がその設立する学校の財政的基盤において、公立学校と差別があるとして、その平等を求める戦いであった」（太田、2005）。

その後、第一次世界大戦の脅威の中で国内の一体感が強まり、１９１７年に「学校闘争」は終結し、憲法第23条の改正により教育の自由が確立した。さらに１９６０年代後半には「画一から個別へ」と教育改革の方針が定められたのである。以上のような歴史のもとで育まれたオランダの教育、そしてその一部であるイエナプランへの理解を深める中で学ぶところは大きいと感じている。日本にとっての教育の自由はどう形成されうるのか、教育の主体たる子どもたちのための教育の自由につながるよう何ができるのか、考えさせられる視察旅行であった。

フリースクールコラム　9月「川の流れのように」

《シフトチェンジ》

9月になりました。はじめのうちは学校に「通える」か「通えない」かといった心配があった生徒たちも、徐々に本来もっている力が発揮されるようになりました。これまでは支援される側だったのが、今は未来学園の一員として、ときに他の生徒を支援し、スタッフを手助けする頼もしさを見せてくれています。

通うことへの心配や集団生活での不安が和らぎ、今は進級・卒業に向けて「勉強・授業・試験と向き合う」ことや、進学・就職に向けて「将来に向けた目標設定と行動する」こと、そして普段の高校生活や修学旅行など「学校を楽しみ人間関係を築く」ことに力を入れる段階になってきたと感じています。

《卒業生のその後》

本学園で高校卒業した生徒は、開校9年目の現在までに84名います（本書執筆時は丸12年経過し、128名卒業）。そのうち約7割の生徒は卒業後も遊びに来ることがあり、3割強の生徒はことあるごとに「帰省しました」「就職決まりました」「大学でいろいろあって相談に来ました」などと顔を出してくれます。体感的には、帰省時、就職や昇進、出産などの節目、休学や転職など迷いや悩みがあるときに来ることが多いように感じています。変わりなく順調にいっていて忙しい場合と、あまりにしんどい状況の両極端のときは顔を出さない（出しにくい）ようです。「ずっと相談できる場所」を理念としている本学園や私としては、しんどいときも顔を出してくれるといいなと思っています。

そこで今回のコラムでは、ゆっくりとでも周囲の環境や関わる人たちと折り合いをつけながら歩んでいけること、長年立ち止まって停滞しないために何が必要かを考えたいと思います。

《人生が停滞するとき》

誰しも迷うことや悩むこと、ときに立ち止まることもあります。ですが、だいたいの場合それは一時のことで、何年も立ち止まることは稀です。その稀な事態により長期間立ち止まってしまうとき、その人はどのような状態でしょうか。例えるなら、日々の生活がそれなりにできている状態は、流れのある川です。一方で生活がままならなくなった状態は、川の端に生じた水たまり、石や泥で流れが遮られた淀みの状態です。

このように流れが遮られた川辺の水たまりのように、人が本来もっている力が発揮されず、目に見えないなにかがその人の本来もつ成長力（流れ）を塞いでしまっていることがあります。塞がれたために流れがなくなり淀みとなり、時間とともに水が濁って油やゴミなどが集まる場所になってしまいます。

《障害を取り除き、流れを取り戻す》

精神療法家ヤーロム（2007）は精神療法において「私がしなければならないのは、ただ障害が何なのかを見極めてそれを取り除くことだけなのだ」と述べています。淀んで汚れた川の水をきれいにするとき、ゴミを取り除いたり水を入れ替えたりしても時間とともにまた汚れてしまいます。そんなときは、流れをせき止めている石や泥を取り除き、流れが生じれば自然と水はきれいになります。

この「川」の例えを「人」に置き換えると、家族や身近な人の人生が停滞したとき、その人に働きかけてその人を変えようとする対処療法に頼るばかりでなく、その人を取り巻く環境に目を向けて成長の流れを阻害している根本を理解し、それを取り除いたり緩和することが大切だと教えてくれます。そしてその人本来の生き方の流れを取り戻すこと、変化を生み出すことに焦点を当てることで、少しずつ事態が動き出します。つまり水自体をきれいにしようとするのではなく、その流れをせきとめている「何か」を取り除き、あとは自然に任せる発想です。やや抽象的な話が続きますが、なんとなくイメージできますでしょうか。

《成長力を信じる》

精神分析家のカレン・ホーナイ（1988）は言います。「もし成長を阻む障害が取り除かれるならば、人は、まるでどんぐりが樫の木に育つように成熟し、完全に自己実現した大人になっていく」と。まずは「人には本来的に成長する力が備わっている」という前提に立つことが肝心です。当たり前のことのように聞こえるかもしれませんが、つい忘れがちなことでもあります。私も子育てや教育に関わる中で、つい子どもたちの成長力を低く見積もっているなと感じて自戒することがあります。「人には、本来成長する力が備わっている」、そして「その人自身に他者や社会と向き合い、やりくりする力がある」と考え、流れを塞ぐものを取り除く視点が、停滞から脱するきっかけをつくると私は考えています。

第II部

子どもも家族も学校も「変化する」対人援助論

第７章 支援の構造①「おばあちゃんとラポール」

◎ラポールの源泉——祖母と田舎の憧憬

２０２１年12月、私の母方の祖母が亡くなった。94歳だった。亡くなる２週間前まで、木々と田畑に囲まれた中山間地域の一軒家で、同じく94歳の祖父と２人で生活していた。日本昔ばなしに出てきそうな、片田舎に住む、腰の曲がった、優しい笑顔の祖母であった。

私は、父の全国転勤によりさまざまな土地で暮らしてきた。高校卒業後は愛知で大学生活を送り、東京での社会人生活を経て、そして15年前に祖父母のいる島根県に妻とともに移住した。

移住後は毎月のように祖父母宅を訪ねていたが、私は祖母のことをほとんど知らない。何度か昔の話をねだったことがある。しかし祖母はあまり語りたがらなかった。私が唯一知っていることは、10代で看護師を目指して上京するも、すぐに挫折して島根に戻ったことであった。このことも祖母からではなく祖父か母から聞いたように思う。

祖母は家から出ようとしなかった。私が知る限り、この15年間で2回、出かけたとの話を聞いた。夏バテと風邪が重なったのか1週間ほど食事がほとんど摂れず周囲の強い勧めで近所の病院に行った時、私の母が大病を患って入院した時、その2回しか私は知らない。以前はもう少しは出ていたようであるが、私が幼少の頃からの記憶をたどっても、祖母がどこかに出かけている記憶、一緒に出かけた記憶はごく少ない。

30～40年前、私が子どもの頃、祖父母宅は私が住む家から地理的に遠く、4年に1度訪ねるくらいであった。その時から、そして私が島根に移住して毎月通うようになってからもずっと変わらず、私たち家族が祖父母の家を訪ねると外まで出てきて出迎え、祖父が普段買い物する商店よりちょっと遠くて大きいスーパーで買ってきたお寿司やお肉と、自家製野菜で作った数々のお惣菜でもてなしてくれた。祖母はよく「(料理が) 何もなくてつまらんねえ」「それで足りるの？」と料理皿で埋め尽くされたテーブルを前に、何度もご飯のおかわりを催促してくれた。「もう腹一杯だわ」と返す私は、その毎回のやりとりがやや面倒でもあり、嬉しくもあった。そして帰る時になると家の外まで見送り、去っていく私たち家族の車に向かって手を振っていた。

台所に立ち、昼食、お茶とお菓子、夕食を用意し、寝床をこしらえ、たまに座椅子で休んでテレビを見て、時折畑をかまい、毎日日記を付けていた祖母。そんな家の敷地から出ない祖母に、94歳にして街中へ引っ越す話が持ち上がった。私の叔父である長男が、街中に住宅を借りて一緒に住もうと持ちかけたのだ。祖父は自分たちがいつまで元気でいられるか分からないからと賛同したが、祖母ははっきり嫌と言わないかわりに首を縦にも振らなかった。その後半年、移住に向けた調整は進んでいった。祖母は次第に食が細り、転居予定の1週間前に入院となり、そこからはあっという間に亡くなった。私は祖母を亡くした悲しみの一方で、祖母らしい最期だと感心した。

心理学に「ラポール（rapport）」という概念がある（※11）。フランス語源で「橋を架ける」という意味を持つこの言葉は、17世紀中頃から英語に派生して「信頼関係」の意を持つ。腰が曲がった小さな祖母の存在とその暖かな笑顔は、私の内のラポール感覚の源泉であろうと思う。

◎教育現場における、個のラポール、場のラポール

フリースクールを運営して、2021年4月で10周年を迎えた。社会起業というほどの志を持って始めた記憶はない。身近な人に対して、自分の手の届く範囲のことを、一緒にやっていく。それだけを続けてきたつもりだ。高校と連携しているため高校卒業ができ、授業や教科学習も行うが、学校というより生活共同体のイメージでこれまでやってきた。

私が運営するフリースクール兼通信制高校サポート校には35名の高校生が在籍しており、生徒たちは週3～5日で登校をしている（年により違いあり）。そのため、私は月曜から土曜までの週6日間、

10時～16時くらいの間、年齢や学年が混ざり合った18人前後の生徒たちと、私も含め5名程度の職員とで、会話や勉強、遊び、活動（軽運動、音楽、料理・お菓子づくり、海・山・公園・街中の散策等）をしながら過ごしている。

フリースクールという空間は、私にとって興味深いコミュニティである。その多くが小・中学生時代に不登校の経験を持つ。中には、心療内科に通い服薬をしている、非行傾向があり更生施設に入った経験がある、診断名があり中学時は支援学級で過ごしていた、などの生徒もいる。そうでなくても、不安感が強く情緒の波が強い、友人関係でのトラブルが多い、集団の中で萎縮したり強い違和感や居心地の悪さがある、家庭環境が複雑で情緒面または経済面等で不安定である、ある学習や課題遂行において難が生じる、など目に見えにくい事情を複合的にもつ生徒は多い。全日制の学校では分離され個別対応をされがちな生徒たちが、フリースクールで一緒に集い、活動し、次第に人や場所に馴染み、それなりに過ごす。そんな面白みを感じながら10年間過ごしてきた。

先日、高校3年生のある女子生徒に、同じく3年生の男子生徒がふらっと近づき、話しかけ、笑いあっていた。大げさに言えば、私にとってそれは感慨深い瞬間だった。

さかのぼること2年前、この2人の生徒はまだお互いに友人がいない状態で出会い、なんとなく声を掛け合って（友人として）遊ぶようになった。そんな中で夏祭りの日に2人でショッピングモールに行き、女子生徒は自分の見たい化粧品などのコーナーを見て回り、男子生徒はその間退屈し、女子生徒の「居たくないなら帰ったら」という言葉をきっかけに家に帰った。男子生徒は女子生徒の身勝手に憤慨し、一緒に来たのに自分のやりたいことばかりで自分はほったらかされたと、怒った調子で私に訴えてきた。一方の女子生徒は、一緒に遊ぶ約束で行動していたのに勝手に帰ったと男子生徒を責め、退屈していたなら言って欲しかったと、怒り、泣いて私に訴えた。

それから2人は一切口をきかなくなり、学校生活を別の友人と過ごしてきた。しかし2人ともその後も友人関係でトラブルが続き、1年時と2年時は短期間で友人と決別することがあった。しかし2年の途中頃から変化が見られ、2人とも次第に人づきあいが広がり、長く続くようになってきた。そんな中での、約2年ぶりの会話と笑顔であった。

この2人の経緯のように、人と人との関係性は思い通りにいくことばかりではなく、折り合いがつきにくいことがある。そんな中でも一緒に居続けてきたこと、そしてお互いの成長に伴って関係に自己修復が働いたことの理由の1つとして、個のラポールと場のラポールの作用があると考えている。

私にとって、心理臨床におけるラポールに関する一番の拠りどころは、ロジャーズ選集（ロジャーズ、2001）にある「カウンセリング関係の質――具体的には、セラピストの一致性（純粋性）、無条件の肯定的配慮（尊重、受容、信頼）、および共感（クライエントの観点から理解すること）――の方が、セラピストの用いる特定の技術よりも、セラピー的変化にとって重要な要因である、と考えるようになった」という一文である。

フリースクールのような教育現場においても、心理臨床の現場のように個と個のラポール形成は重要である。加えて、個のラポールを築くとともに、次第にその範囲を小集団に広げ、「場のラポール」を築くことが有効であると感じている。その際、上記の一致性、肯定的配慮、共感に加え、①初期不安を和らげる集団内の「安全感」の保障、②その集団における「相互理解」の醸成、③その集団成員の「公平感と納得感」の形成の3点が、場のラポールを形成する上で重要であると経験上仮定している。そしてこれら3点を実現するための構造的配慮（巻末の付録参照）を日々考え、工夫することが私の仕事の1つである。

※11　ラポール：小川（2019）は、斯波・佐野（2002）の言葉を引用し、ラポールの概念を定める際にどこまでをラポールと考えるかという範囲の問題、ラポールという言葉が臨床技法別に個別に解釈されて利用されてきたという背景の問題、歴史的にラポールの語義すら変遷しているという問題があり、普遍的なラポールの定義がないという問題があると言及している。そのためラポールの概念・語義が記されている辞典からその共通性に着目し、実際の臨床場面に即した、学派に捉われない広義の定義として、ラポールの語義を暫定的に「心理療法場面の初期に形成され、全過程を通して存在し続ける、相互的・共感的・受容的な関係性のことであり、面接を継続し、クライアントが防衛を解いて話したり自己の内面を見つめることができるようになるために必要な関係性である」（斯波・佐野、2002、p.60）としている。

フリースクールコラム　10月「複雑な社会の中で、学び、働く」

《はじめに》

松江未来学園では、アルバイトに励む生徒が年々増えているように感じています。このコラムを書いている時点で、アルバイト経験がある生徒は、私の知る範囲でも半数を超えています。このように経済活動の一歩を踏み出す高校生と関わる中でいろいろと感じることがあります。そこで今回のコラムでは、変化が激しく、複雑化する現代社会の中、「どう学び、どう働くか」を考えたいと思います。

関東を中心として展開する学習塾「花まる学習会」。この学習塾では、将来「メシが食える大人」を育てると銘打ち、数学的思考力、読書と作文を中心とした国語力、野外体験を学びの柱としています。私はこの「メシが食える大人」というコンセプトに魅力を感じています。それは、将来の目標イメージが明確で、なんのために学ぶかが理解しやすく、学習意欲を高めやすくなるためです。

《求められる力、広がる格差》

わが子が自立し、生活に困らないようになることを望む親は多いのではないでしょうか。そのために「安定した職」につき、生きるに事欠かない「収入」を得られる社会的なポジションを求める親心があります。では、こうした安定した地位を得るために、何が必要なのでしょうか。

時代をさかのぼってみると、江戸時代から明治・大正・昭和初期のように「生まれ」や「身分」で地位が決定する時代がありました。その後、社会が成長期に入ると「能力や努力（偏差値や学歴含む）」で序列を変えられる時代が到来します。私が生きてきた昭和とはそのような時代だったように記憶しています。そして平成から令和は「コミュニケーション力や問題解決力」といった、変化が激しい社会を生きる力が問われる時代となりました。

ですが、このコミュニケーション力や問題解決力といった力は、どうしたら身につくのか今ひとつ分かりにくいところがあります。ひと昔前がいいとはいいませんが、「勉強する→いい学校に入る→いい就職先に入る→給与が高く生活が安定する」といった分かりやすい物語と比べると、何をしたらどう報酬を得られるのかがみえてきません。社会学者の苅谷（2001）は、このように「外側にあるインセンティブ（報酬）がみえにくくなった分、全体としての学習意欲の低下が進行している」と述べています。ところが、「意欲の減退は、すべての子どもたちに同じように生じているわけではない」とも述べています。ある特定の社会階層の子どもの間に生じているというのです。

《学ばないことで自信がつく⁉》

学業や仕事について努力して成果を出すといった「業績主義的価値から離脱することが、社会階層の相対的に低い生徒たちにとっては〈自信〉を高める」という研究結果が示されています（苅谷、

2001）。つまり、頑張らないことで、自信が保たれる仕組みをつくりだしてしまうというのです。具体的には、「あくせく勉強してよい学校やよい会社に入っても将来の生活に大した違いはない」と、信じ込み学ばないことを正当化して、競争を回避することで、「自分は人よりすぐれている」という自己意識が守られるのです。その結果、学習時間・学習意欲が低下し、ひいては所得や就業機会の格差につながります。

私は本学園において、上記のような『「勉強しないことを正当化する誘惑」から生徒たちを守るためにはどうしたらいいか』『変化が激しく、複雑なシステムをもち、不確実な現代社会を生きていくために必要なことは何か』『大人としてわが子に、生徒たちに、何を伝えられるのか』と自問自答する日々です。少なくとも、将来「メシが食える大人」となるよう、勉強や運動や行事など「いま目の前にあることに一生懸命取り組み」、こうした活動を介して「人との関係を築き、深めていける」。そんな未来に繋がる学園であるといいなと日々願っています。

第8章　支援の構造②「理解と見立てと西郷さん」

◎息子の見立て——医療の現場に宛てた手紙

父が死んだ。
4月に不調を訴え、7月には冷たくなって棺に収まった。

ここ8カ月の間に、祖母が亡くなり、飼い猫が亡くなり、父が亡くなった。94歳と72歳（14歳）と73歳の死。これまで何十年にもわたり私の近親で亡くなる者がなかっただけに、来るべき時が来たということなのかもしれない。

人口減少社会の中で、私40代。これまでは意識せずに維持されてきたものごとに次々と変化が生じていることを感じている。

悲しみはあまりない。亡くなったという感覚が希薄だからであろう。その割に昔の父の姿を思い浮かべることは増えたように思う。

熊本の農家の本家長男として生まれ、10代にして田舎のしがらみと農業とを捨てて出ていき、「田舎が大嫌い」であり「人に頭を下げることは絶対しない」と言っていた父。そんな父は都会での消費生活を満喫し、「人生に後悔はない」と言って憚らなかった。

一切病院に行くことがなかった父。

4月、お腹の張りと便通の困難を訴え、それでも病院には行かないという。病院で診てもらった方がいいという母との水掛け論に私が呼び出された。私が母に「本人が（病院に）行かないと言ってるからええやろ。昔からいつ死んでもいいって言ってんだから」と言うと、「お前、親になんてこと言うんや」と父はいつものように声を荒らげ、しかしその数日後、病院に足を運んだ。

子どもの頃を振り返ると、企業で管理職を勤め仕事熱心ではあったものの、酒と煙草、パチンコ・競馬・競輪とを好む、亭主関白な父であった。

私が小学5年生の頃、朝、地元の小さな百貨店の裏口に並んでいた時のこと。その日はプラモデルの新作が出るとあって、20～30人くらいの小・中学生が整理券を求めて開店前から列をなしていた。その時たまたま仕事中の父が通りかかり、そして私が列に並んでいるのを見て「お前何しとるんや」とかなりの遠方から持ち前の大声を飛ばしてきた。並んでいた子どもたちがざわつく。私は面食らって、いいからあっちいけと無言のサインを出した。すると父はおもむろにその場に並んでいる子どもたちに向かって「みんな、浩一のことをよろしく頼むぞ」とより一層の大声を残し、機嫌良さげに歩き去っていった。

口八丁で道楽者、はた迷惑で風来坊。一方で自分なりの不器用な義理人情を秘めているという意味では、『男はつらいよ』の寅さんや、『こち亀』の両さんなど昭和の男性像と重なるものがあるかもしれない。父には「お前なにを偉そうに言っとるんや」と言われそうであるが。

父は誰にでも遠慮をしない。それが入院中であっても。「おい、○○買ってきてくれ」「お前どんくさいやっちゃな」とお世話になっている看護師さんであれお構いなしである。担当の若い女医さんや看護師さんたちは、私に直接言わないながらも、父に手を焼いている、もしくはどう関わっていいか分かりかねている様子であった。以下はそんな状況の中で、病院の先生方に宛てて私が書いた手紙である。なお、この手紙については、父の死後、母の了承を得て公開に至っている。

〈はじめに〉

5月30日（日）15時過ぎ、父と話をする機会をいただき、その際に感じたことを記録しました。まずは父が病院の皆様に過度な要求をし、ご迷惑をおかけしている点をお詫びいたします。この点は父の性格が大いに関係していることでもあるため、その点も踏まえ、息子としての今後の見通しをお伝えするためにこの文章を書きました。

〈父の現状〉

入院前の父は、便が出ず食べられないことを苦とし、「食べられるようになりたい」が主訴でした。手術により人工肛門での便通が可能となり、食事ができるようになった一方で、癌であることを知り余命を意識している現在の主訴（優先順）について、下記であろうと推察します。下記の４点は、息子としてこれまで父の人生を見てきたさまざまを加味して順位づけしています。

①長く生きたい、死にたくない
②できる限り苦しみたくない
③面倒なことはしたくない、できる限り世話してもらい楽をしたい
④美味しいものが食べたい、ある程度の身体的自由は欲しい

現在は食事も摂れるようになり、軽口が出るくらい気持ちが上向いていると感じています。医療職員の皆様の技術と献身的な看護および言葉かけのおかげと感謝しております。

「治療をせず退院すると比較的自由が利くが死期が早まること」「治療をすると延命はできても長らく苦しむことになること」。この①と②との矛盾により、進むことも戻ることも難しく、ただ先生や看護師さんの優しさに甘えながら、父は今この瞬間の感覚に従い③を享受している状況だと感じています。

〈父の生来〉

父は昔から社会の規範に従いにくく、面倒なことを避ける気質を持っていました。家業（農業）の手伝いもせず高校も中退し放蕩していた10・20代。結婚・就職してからも賭け事やお酒のことでトラブルを重ねた30・40代。突然家を捨て蒸発した50代、何事もなかったかのように戻り母の住宅に居座った60・70代。表面的な「言葉」を駆使して、「その場しのぎ」を続けてきた長年の経緯があります。

本人の口癖は「わしゃもうすぐ死ぬからいい」「お前に迷惑はかけん」です。裏を返せばそれだけ生への強い執着があり、世間の理屈では分かりながらも周囲の迷惑には鈍感であったろうと思います。母が父に入院や死亡時の保険を何度勧めても一切取り合わず、本人は何の備えもないまま今回の入院となっており、家族としては「やはりこうなったか……」という思いがあります。ただし誤解のないように一言添えおくならば、私自身はこんなことを書きながらも、決して父のことが嫌いではありません。

〈家族としての考え・今後の展望〉

以上より、本人の気持ちを大事にして進むほかないながらも、これまでの父の生き方のパターンを考えるに、できる限り面倒を避けながら入院生活を続け、結果的に治療することにするもすぐに断念し、進むも戻るもできず行き詰まるような気がしています。また、入院生活が長くなるほどに病院へのご迷惑が増すことも懸念しています。

私個人としては、本人がすでに70歳を超えての末期癌であることから、抗がん剤による治療よりは、福祉＋医療という形で、いずれかの施設でターミナルケアをお願いできたらいいように考えています。同じ境遇の集団の中で癒し癒されつつ、ある程度のＱＯＬを保つ中で生活ができたらいいように考えています（そのような施設が県内のどこにあるのか、その費用がいかほどかは分からずの現時点での考えです）。

ただし、父はこれまで終末期医療どころか医療との接点がほぼありません。そのため、このまま「本人の意思」で進む場合、現状（③）を享受できるところまで享受して、延命を求めて抗がん剤治療に移行し、その治療の辛さに耐えかねて退院（②）、そしてバタバタと家族が世話をする（または施設に入る）という流れになろうかと思っています。この場合、過程としては本人の意思を尊重しているようでありつつ、一方で結果（死の間際までの想定）としてはＱＯＬを損ねかねないとも考えています。ただし、本人は旧来から周囲の言葉で考えを変える性格ではないため、選択肢はこの１点（本人の気分と流れに任せるのみ）であろうとの見通しを私は持っています。

〈お願いしたいこと〉

以上のことから、父は、治療の点では先生方に言われたことを行うと考えています（①より）。

また、歩行訓練など生活上の不便が改善されることや、美味しい食事が摂れる可能性については前向きに取り組めると考えています（④より）。一方で排便の処理などの面倒なことは自分でやる気は全くなく（③より）、むしろ看護師さん方にお世話してもらってコミュニケーションを楽しむことが1つの生きがいとなっているように思います。また、買い物をお願いするなどの過大な要求についても、この場所ではどこまでの要求が通るか模索しながら、人との交流を楽しんでいるものと考えています。

そのため、「できることはできる。できないことはできない」とはっきり言っていただき、入用については母（または母を通じて私）にお伝えいただければと思っています。九州熊本の気質で言葉は荒く感じられると思いますが、強く言っていただいて大丈夫です。このように歳をとっても難点の多い父であり、その一家です。また、コロナ禍で大変な最中、このような長文で無理難題を申してすみません。息子の一意見として、今後の父の方向付けの参考にしていただけると幸いと考え、先日父と話した感触を文章にしました。よろしくお願いいたします。

以上、病院の先生や看護師さんにとって、父との関わりの見通しの一助になるようこの手紙を書いた。誰にでも関白ぶりを発揮する父について、息子なりの理解と見立てによる取り扱い説明書である。

◎見立て論と西郷さん

人を治療したり支援したりする上で、「見立て」（※12）がどのような意味を持つものか。よい機会なので、昔読んだいくつかの文献を読み返してみた。

精神医学における「見立て」には「治療者（医者、カウンセラーを問わず）の意欲も含めて、もしもこの人に自分が関わるとすれば、どのような角度から切り込み、どのような経過が予想され、予後はどうなるの、といった見通しが含まれます」との言葉が示すように、「見立てと診断との間には、似たような意味とともに微妙な差」がある。

また、見立てる上では正しいかどうか以上に、共感的に理解し、相手を尊重しながら、一緒に伴走し、行く先を照らしていくことが肝要である。

「見立てとは、基本的に相手を尊重して、その人間像をつくり上げる作業」であり「相手の不安を理解しつつ相手を尊重するという作業は、容易なもの」ではない。ひきこもりの息子の相談を受ける際、「お父さんこそ、子どもです！」といった見下した態度や、「お母さんに問題がありますね」といった指摘は、たとえそれが図星であっても、有害な結果になる。

こうした支援者側の問題点は「深刻な状況に直面して、あまりにも多くのことが目に入ってきた結果、そこに登場する一人ひとりの立場や苦悩を、真に「共感的」に理解する余裕をなくしている」ことにある。「心理の専門家として関係者の現実に厳しい目を向けながらも、同時に人を立てる」ためには「一人ひとりの努力に対するねぎらいの気持ち」が大切である。

さて、ここに引用させてもらった『臨床心理学② 診断と見立て［心理アセスメント］』（氏原・成田、2000）は、たしか私が大学院を受験する際の必読書籍となっており、探し求めて購入した思い出の一冊である。

閑話休題、『新訂 方法としての面接 臨床家のために』の中で土居（1992）は、精神科的面接において人を深い意味で「理解する」ために「まず第一に何でも彼（か）でもわかったつもりになるのを止めることから始めねばなるまい」としている。「何がわかり、何がわからないかの区別がわからねばならない」そして、断片的な情報を集めることではなく、「患者を一人の人間として全体的に理解する」ことを目的として「事柄の間の関係が見える」ことが大切であるとしている。

こうした「理解」や「見立て」についての言葉を集める中で、私自身、どこまで父のことを理解して今回の手紙が書けたか、振り返らざるを得ないと感じている。最も身近にいるからこそ、理解したつもりでいたり、見えていないことも多かったのではないだろうかとも。

亡くなってみて父について知らないことが多々思いあたるようになったが、その中の1つに「西郷さんの像」の謎がある。私が物心ついた時から常に飾ってあった、身の丈30センチくらいの、観光土産に売っていそうな青銅色の西郷隆盛像である。

私の父は昔から物を持たない。クローゼットのたくさんの服やネクタイと、サイドボードのウイスキーやブランデー、それと西郷さん。それしか長年持ち続けた物を知らない。何度かの転勤を経て服や酒は入れ替わっていったが、西郷さんだけは変わらずずっと家にあった。私が大人になり実家を出てからは（その間も父は何度か住まいが変わっている）西郷さんがどうなったものか意識することもなかった。

7月に父が亡くなり、もはや誰も由縁を知ることのないあの西郷さんが父の鞄から出てきたと母が教えてくれた。私はそれを貰い受け、しかしわが家にちょうどよい置き場が見当たらず、今はわが娘たちのわずかばかりの盾やトロフィーの後ろに並べて置いている。

※12　見立て：一般財団法人日本心理研修センター監修による公認心理師現認者講習会テキスト［2019年版］によれば、精神疾患の「診断」には事例定式化（ケース・フォーミュレーション）の側面と、ICD‐10やDSM‐5などのカテゴリカルな範疇分類の側面があるとしている。また、「事例定式化（＝見立て）」とは、「クライエントの意識的・無意識的な問題や不適応（感）を心理面・現実的な生活面からとらえ、それらの背景にある要因を整理して介入へとつなげる総合的評価」であるとしている。

フリースクールコラム　11月「未来学園となりゆき」

今回のコラムは、松江未来学園が誕生したなりゆきと、この度の移転についてのなりゆきのお話です。

《島根で起業するまでのなりゆき》

20代で起業して間もなく、私がこのフリースクールの仕事に携わることになったのは、広島でフリースクールを営む先生との出会いによるなりゆきでした。

順を追って経緯をお話しますと、私は高校時代（千葉）・大学時代（名古屋）・その後20代前半（東京）で、「演劇」に力を入れていました。名古屋に住んでいた大学時は、「心理学」を学びながら約40名が在籍する演劇部で部長を務めていました。当時を振り返ると私の未熟さからくる苦い思い出が多いのですが、性格や考え方が違う先輩・後輩との上下関係、深夜まで及ぶ（照明の配置や当て方などの）会議、規律や会計の話し合いなど、社会人としての基礎を学んだ演劇部での3年間でした。

大学を終えてからは東京でのフリーの演劇生活（要はフリーター）を経て、24歳で埼玉県にある学習塾に就職し、丸3年間「教育」の仕事に携わっていました。その後、子どもの頃からの夢であった〈田舎暮らし〉〈転勤のない（かつスーツを着ない）仕事に就く〉〈自分の家を持つ〉〈結婚して子どもは2人以上〉を実現すべく、島根県雲南市に移住しました。生まれて以降、父の全国転勤により2年おきに京都、兵庫、福岡、鹿児島、東京、千葉など都会地を転々としてきた一人っ子の私のささやかな抵抗でした。

移住してすぐは、島根でどんな仕事ができるのか、何の役に立てるのかを模索するため、林業の講習、住宅や家具づくりの研修、起業家スクールなど、半年の間にさまざまな体験をさせてもらいました。この体験を経て、これまで積み重ねてきた「演劇」「心理学」「教育」を仕事にしようと起業を決断し、そんな折に広島でフリースクールを運営している先生との出会いが重なりました。そして私は松江の地でフリースクールの運営に携わることになりました。

《未来学園誕生のなりゆき》

起業から3年が経ち、20代から30代になった私は、松江未来学園（旧称：松江未来塾駅南校）を開校しました。起業以来、お世話になった方々からの後押しがあっての開校でした。船出はたいへん不安定なもので、開校当初、生徒は2名、スタッフは私含め7名、借金700万円（自宅が担保）という無謀な挑戦でした。この時期を乗り越えられたのは、当時の6名のスタッフの献身的な働きのおかげでした。年度が終わる頃には生徒が20名を超え、心理士が経営するフリースクール・通信制高校サポート校として、少しずつ軌道に乗っていきました。開校以来の9年間で、仕事と並行して専門学校（精神保健福祉学）、大学院修士課程（人間科学）、大学院博士課程（臨床心理学）でトータル8年間、学生として学ばせてもいただきました。

そして本学園開校から9年目となった現在ですが、まったく油断なりません。目標達成の道のりがまだ見えないからです。開校した当初、スタッフに向けて「松江未来学園がなくなることを目標にしたいです」と話しました。この言葉は、本学園を必要とする生徒が1人でもいるうちは続けよう、でも、多くの学校が生徒一人ひとりにとって過ごしやすい場所になり、不登校という考え方自体がなくなって本学園を必要とする人がいなくなることを目指したい。僭越ながら、そのための1つのモデルとして本学園を発展させていきたいとの思いからきたものです。

《移転のなりゆき》

そして今回、移転のお話をいただいたのも、長年のご縁あってのことでした。私は5年ほど前から、本学園の校舎は賃貸ではなく自前で所有したいと考え始めました。こう考えるようになったのには理由があります。

1番の理由は、本学園の理念「ずっと相談できる場所」を実現するため、生徒や卒業生に変わらぬ「母校」を残したいと考えたからです。賃貸の場合、オーナーの事情や老朽化により、不測の立ち退きや賃貸条件の変更が発生します。実際に本学園もそうした急な変更に苦慮したことが2度あります。

1度目の変更の時（約7年前）は、やむを得ず移転しました。そして2度目の時（約5年前）はなんとか持ちこたえましたが、大変な費用と労力がかかりました。このときから賃貸で学校運営を続けることの難しさを感じ、さまざまな物件を見て回るようになりました。これまでは松江駅周辺を中心に、5年間で建物3件、土地2カ所を内見しました。そのうち1件は入札を試みましたが、競合があり成立直前で破断となった経緯もあります。2年前のことでした。

そして今年の9月、開校以来、たびたび校舎の相談をしていた不動産業の社長さんから今回の移転先物件のお話をいただきました。いろいろな思いや考えが頭を巡りました。当然のことながら、場所が変わると通いやすくなる生徒もいれば、通いにくくなる生徒もいるからです。物件自体は、校舎設置の要件である130㎡以上の面積で昭和56年以降の耐震基準を満たしている。外装も内装も手入れがいい。バス停も側にある。公園や大学も近い。ですが一方で前の校舎があった松江駅近くから車で10分ほどの距離がある立地。何事もいいことばかりとはいかない中、どう折り合いをつけていけるか悩みどころです。

このようにさまざまなご縁が繋がって「なりゆき」を頂いてきた私です。今は40代となり、遠視（もとい老眼）や記憶力の衰えを認めざるを得ない昨今です。下り坂の年齢だからこそ、時代や人のなりゆきに身を任せて、目標達成に向かっていけたら幸いです。

第9章 支援の構造③「ふるさととグループ」

◎わが故郷

2年前、用事で千葉県銚子市を訪れた。

銚子市は漁業と醤油が有名な港町で、私が思春期を過ごした場所だ。

約15年ぶりに訪れる故郷をインターネットで検索してみると、母校が統廃合されたこと、「第2の夕張」と目されるほど財政危機にあることが書かれていた。

実際に訪ねてみると、子どものころ足しげく通っていたショッピングセンターは3軒とも跡形なく、ネットに圧されてか書店やゲーム・ホビー屋、雑貨屋やレンタルショップも根こそぎなくなっていた。

唯一、昔ドリカムやB'zなど多くのCDを買ったCD店が、閉じたシャッターが並ぶ銀座通りの一角、錆ついた鉄骨がむき出しの建物の奥で、今も変わらず明かりを灯しているのが印象的だった。

私が銚子で過ごしていた1990年の人口は、8万5、138人（0～14歳比率17・2%、65歳以上比率14・９％）。

そして２０１８年の人口は、６万０、５５６人（市の統計で確認できる２０１５年時の０〜14歳比率９・０％、65歳以上比率33・７％）。

時代と人口の大きな変動の中で、自分には何ができるのか、考えるきっかけをもらった気がした里帰りであった。

その日の夜、久々に会食した友人たち。オッサンになってはいるもののあの頃とかわらず。だからこそ記念写真など撮る気にもならず、友や郷愁とはそういうものかもしれないと自分を納得させ、住んでいた頃には触れることのなかった地元土産を買い、その写真を１枚。

◎わが娘の故郷

私は小さい頃から、父の転勤により全国を転々としてきた。生まれてから18歳までで、京都、兵庫（神戸）、福岡（北九州）、福岡（小倉）、鹿児島（鹿屋）、東京（押上）、東京（東向島）、そして千葉県銚子市と、生活拠点が変わっていった。

その後、家を出て名古屋と東京で10代後半〜20代を過ごし、島根県雲南市に移住したのが28歳手前であった。

20代で無職のまま島根県雲南市に移住した私と妻は、その年の４月に移住・入籍、６月に妊娠、９月に名古屋で結婚式、12月に起業、３月に長女誕生と、まずまず変化に富んだ１年間を過ごした。

その2年後に誕生した次女も含め、私の娘たちは生まれも育ちも島根県雲南市である。良いか悪いか、転勤しない生活を選んだ私の娘たちは、他の土地を知らない。

田園風景が広がるこの地域。家の裏では毎年ゆずや柿が実り、一歩家を出れば草花が香る。もちろん田舎暮らしはいいことばかりではない。春や秋は「カメムシ」の大群が発生し、夏は刈っても刈っても「雑草」が伸びてくる。冬の朝は玄関や車の周りに積もった「雪」をかき出すことから始まる。

こうした思いどおりに行かない不便さについて、その時々は勘弁してほしいと思いながら、まんざら悪いばかりでもないとも感じている。

例えば、うす曇りと積雪が続いた数日の後。太陽と青空に恵まれ、雪どけの田園が視界に広がる中で、清涼な風に包まれたときに湧き上がる充足感は、便利な都市部に住んでいた頃には知らなかった感覚である。

◎地域コミュニティの知恵

昔は「出身どこ?」と聞かれると答えに窮した。サラリーマンの父の全国転勤の知らせは突然だ。1カ月後には家が段ボールだらけになり、友人から別れのプラモデルをもらい、新たな学校で知らない顔にとり囲まれる。

そんな私が20代後半から、自分の家庭を築くため雲南市に移住した。代々その土地を守り育ててきた方々のおかげで、15年間、今の家に住まわせていただいている。

田畑が広がる私の住む地域は、今もさまざまな当番や集まりがある。毎月定例の自治会、お葬式の手伝い、神社の掃除、道路愛護の草刈り、慰安旅行、地区民運動会など、私が移住前の都市生活で経験したことのない行事ばかりである。

そうした地域交流の中で、ふとご近所同士のグチを耳にすることがある。小さい頃から家族ぐるみで知っている者同士だからこそ、よそ者では想像しえないような積年のすれ違い、そのチリツモ（※13）が口をついて出る場面に出くわす。

一方、長年住み続けているがゆえにご近所同士が必ずしも良い関係とは限らない中で、それでも地域の行事や話し合いや協力が滞ることなく、むしろ誰もが「しっかりやらないと何を言われるかわからないから」という名目——その名目は、試験があるから勉強を頑張ろう、友人が遊びに来るから部屋を片付けようといったモチベーションアップの方便と思われる——のもとで、仕事と同じかそれ以上の勤勉さをもって、日々の地域ごとが行われている。

地域の集まりそのものに慣れていなかった私は、特に合間の休憩時間が苦手であった。たとえば7

月の道路愛護（地域の草刈り・清掃活動）の時。作業の合間、日陰に集まり休憩をする。誰ともなくよもやま話が始まる。2人組がいくつかできたり、それが合わさり4～6人くらいの輪ができたりしながら、新しく開通した道路の話題や隣の自治会の様子など笑いを交え話している。

移住したての20代後半、30代前半の頃は、私の父くらいの年齢の方々ばかりの集いにどう参加してよいか分からず、そんな慣れない気兼ねから、その時間がいつまでも続く長いものに感じられた。休憩の終わりが決まっていないことも多く、その時々の塩梅次第という曖昧さも時間が長く感じられる一因であった。

しかし移住後数年が経ち、私が趣味や仕事としてプレイバックシアター、インプロ、グループエンカウンター、ドラマセラピーなどさまざまなグループ（※14）に関わるようになって後、この地域の余白の時間は、グループとして大変意義深い秀逸な構造を含んでいると感じるようになった。

エンカウンター・グループという言葉を知らなくとも、日本の地域コミュニティの中には、身近な人々が集い、相互理解を促し、一人ひとりを尊重しながらも適度な距離感を保つ知恵が含まれている。私が島根県の中山間地域の一地区で暮らす中で得た発見であった。

◎故郷とグループ

家族、学校のクラス、地域の会合、職場のチームなど、人と人とが集団活動する場があり、そうした身近な場が人を支えている。しかし人と人とが支えあうはずの場にいづらくなる人がいる。いられなくなり去る人もいる。場や集団がよりよく機能し、集団を形成する一人ひとりの支えになるとはどういうことだろうか。「グループの治癒力」「初期不安の緩和」「今、ここの感覚」３つの観点から、いま求められる集団のあり方を考えたい。

〈①グループから生じる治癒力――ありのままを受け容れる〉

人が集う場では、その人それぞれが本来持つ力により、相互理解や相互成長の作用が働いている。自然のなりゆきの中で、家庭、教室、職場は、回復的・治療的な役割を果たす。しかし反対に混乱し傷つけ合う集団もある。学校や職場の学級崩壊やいじめ・対立構造を生む集団と、治療的な役割を果たす集団との違いは何か。

カール・ロジャーズの言葉を引くと、ファシリテーター（※15）として「グループをそのありのまま正確に受け容れる」と報いが大きく、「その人が伝えようとする正しい意味を理解しようとする努力」が、グループにおける私の行動のなかで一番重要で、また最も多いとしている。加えて、グループのメンバーに対しては「私と同じくらいに治療的であるし、ときには私自身よりも、もっと治療的になる」とし、扱いにくい人を診断と治療の対象物として扱うのではなく「人間としてかかわり続けることがはるかに治療的であるとも述べている。

〈②初期不安の緩和――安全な場での対話による相互理解〉

前述の自治会においてもファシリテーター的役割を担う促進的な方が数名おり、その時々で役割の濃淡が自然と変化していく。集団が集団としての力を発揮するには、一人ひとりを尊重する安全な場づくり、自分らしくいられる対話的な場づくりが求められる。

村山正治が提唱するＰＣＡグループは「今の自分を肯定しながら仲間と相互理解していく試み」として「自分らしさの肯定」「メンバー相互のつながり」「お互いの相違の尊重」を人間像としている。「一人ひとりを尊重しながら、つながりをもつ、バラバラで一緒」の関係性の中で「初期不安」の緩和を重視するグループづくりを行っている。村山は「やっぱり人間は自分自身に向き合う場所をあまり持っていないんじゃないか。つまりエンカウンター・グループというのは、安心して、人の力を借りて自分自身に向き合う場であり、そこからその人なりの知恵が出てくる。そういう場を提供してきた」と述べている。

〈③今ここの感覚――未来志向とのアンバランス〉

人々がその場にいることに対する不安や緊張を和らげ、安全だと感じられる中で人と交流ができ、他者を通じて自分と向き合う場が持ちにくいとはどういうことか。アーヴィン・Ｄ・ヤーロムは「今、ここ」のアプローチがメンバーの関与する度合いを大きくするものであると述べているが、成熟した現代社会の中では、「今、ここ」を意識しなければならないほど、未来や将来に駆り立てられている人が多いのかもしれない。

ダニエル・Z・リーバーマンとマイケル・E・ロングは著書『もっと！』（2020）の中で、「ドーパミンはどんな時も未来に備えることを見据え、あらゆるものをより多く手に入れることに力を注ぐ」としている。対して、「今、ここ」での「感覚や感情から生まれる喜びをもたらす」のがセロトニン、オキシトシンなどの化学物質（※16）であると述べている。近い将来に向けてもっと欲しがる獲得欲求と、今を感じ・味わい・満たされる感覚と、本来、人はそのバランスをとって生きているはずである。

◎明日の稼ぎに動かされる大人／今の安心を求める子ども

私の目に見える世界には、未来の利益を獲得するための作為、将来への備えを求める打算など、ドーパミンの働きが過剰に蔓延していると感じている。家庭や教育の場もその影響を免れていない。大人は常に少し先の予定に向けて「する」ことが当たり前になり、子どもにとっては安心して「いる」ことが必要なときも、大人から「する」ことを求められることがある。

人は生まれてすぐに勉強を始め、進路を考え、将来に備えるわけではない。家庭の中で、家族とともに個人対個人で安心できる関係性を育み、友人との遊びの中で楽しみながら他者との違いや自己理解を深める。そうした幼少期におけるごく身近な親しい関係や日々の体験の蓄積が土台となり、その上に学習や進路や仕事などの役割が積み重なる。まずは「今、ここ」を楽しみ感受する土台が必要なのである。そうした土台形成が十分ではない中、ぐらつく土台の上に家を建てることは困難を極める。

高校3年生になる男の子が不登校だった中学当時を振り返り、「たまにしか学校に行けなかった中で、行くたびに進路の話をされるのがしんどかった」と語った。不登校とはドーパミンに駆り立てられる大人と、まさに目の前の絆や安心や喜び体験（セロトニンやオキシトシン）の土台を必要とする子どもとのズレの問題でもある。将来に備え・勉強をし・進路を決める以前に、必要なことがある。今、その子にとって、その場に集う一人ひとりにとって、安心して過ごせる場所があること、笑顔で迎えてくれる人がいること、楽しいと思える日々があることが保障されている前提の上に、学習や進路が積み重なるのではないだろうか。

故郷と呼べる場所がどこか迷うほど故郷の多い私が、行き場を探す若い子たちの対話と活動と学習の場で、グループ形成に携わっている。この集いの場づくりの仕事を通じて、私がいつも頭の中に思い描くイメージがある。田園が広がる中、生活も仕事も休憩も遊びもないまぜになった一緒の学び合い。大人の世界と子どもの世界とが区切られていない社会で、「いる」ことと「する」ことがバランスをとりながら混ざり合う故郷の営みの光景。それは私にとっての銚子であり、雲南であり、川上四郎画『裏の畑』の姿（※17）である。

※13　チリツモ：塵も積もれば山となるの略語。

※14　グループ：本著では、心理的安全が保証された場の中で、成員の自己理解や相互成長を促進するグループアプローチ全般のことを指す。１９６０年代以降、パラダイムシフトの時期のアメリカで生まれ、参加者とファシリテーターとが短期集中的に集う、人間回復運動としてのエンカウンター・グループと、著者が運営する高校生が集うフリースクールのように日常的に集う中でのグループアプローチとの明確な線引きはせずに記述している。

※15　ファシリテーター：グループにおいての促進者。「参加者の心理的安全を保証」し、「今、ここで素直に自己開示すること」「自らを受容し他者からの受容に気づくこと」「頭で考えることよりも体全体でその瞬間を感じること」などを促進する。

※16　「今、ここ」の化学物質：著書では現在志向の神経伝達物質であるセロトニン、オキシトシン、エンドルフィン、エンドカンナビノイドをまとめて「ヒア&ナウ（H&N）」と総称している。

※17　「裏の畑」の姿：大人のコミュニティと子どものコミュニテイが互いに目に見え、手が届く、時間や空間を一緒に共有する中で互いを感じられる地域社会の姿（足立美術館ホームページより「裏の畑」https://www.adachi-museum.or.jp/archives/collection/kawakami_shiro）。

フリースクールコラム　12月「やらなきゃいけない、でもやれない」

「勉強しなさい」と言われるほど勉強をしたくない気持ちが強まり、「テスト前だから頑張らなきゃ」と思うほどスマホに手が伸びダラダラと時間を過ごしてしまう。それに近い経験を持っている人は多いのではないでしょうか。

この「やらなきゃいけない」と「本当はやりたくない」という両方の価値が心の中で綱引きをしている状態を、アンビバレンス（両価感情）と言います。思春期の子どもの「反抗する」けど「時に甘えたい」気持ちや、不登校の時の「学校に行かなきゃいけない（義務感）」と頭では分かりつつ「本当は行きたくない（本音）」といった、相反する感情を同時に持つこともアンビバレンスな状態です。この異なる2つの気持ちの綱引きが強まっている時に、「やりなさい－やらなきゃ」「行きなさい－行かなきゃ」という圧力を強く感じていると、逆の「やりたくない！」「行きたくない！」気持ちが強くなり、体調を崩す（微熱、腹痛、頭痛など）といった身体的な抵抗につながっていきます。または、やらないことや行かないことを避けるための「はからい行動（やらないことを正当化する理由づけ）」が繰り返されることになります。

さて、ただいま未来学園の3年生はテスト期間の真っ只中。各学年に1～2人くらいはアンビバレンスな感情を持て余して、行きつ戻りつする光景があります。やらなきゃいけないことがあるときほど、それ以外のことに気を惹かれてしまうものです。こうした『勉強からの逃避』の背景には、個人の特性が関連していることもあります。「目先のことに流されやすい衝動性の高さ、注意散漫な傾向、学習への困難感の強さ、将来を見通すイメージ力の薄さ」などの傾向をもつ子どもは、学習に向かうこと自体に困難が伴うものです。また、今回の話題（学習のアンビバレンス）とはズレますが、『学校からの逃避（不登校）』が起きる際には、「周囲の集団と自分との感覚のズレを感じる、クラスなど集団内で安全感がもてない、人間関係がうまくいかず孤立傾向にある」などが逃避の背景に見られることが多いです。このように現実逃避の傾向を理屈で表すことは簡単ですが、それではどこにも行き着きません。そのため今回のコラムでは「アンビバレンスな感情を和らげて学習に向かい易くするにはどうしたらいいか」を考えたいと思います。

私自身は「学科の勉強ができること（およびテストの成績がいいこと）」にそれほど価値を置いてはいません。勉強であれ、部活動であれ、友人関係であれ、趣味であれ「いま目の前にあることに向き合い、自分を尽くす」ことに価値を感じています。この「自分を尽くす」とは、自分の持てる時間を注ぎ込む（量）ことと、気持ちを込めて学び・考え、実践し、振り返り、改善する循環（質）のことと考えています。その結果として、何かしらで人から評価されたり、人の役に立つ知識や技術を身につけることが大切だと考えています。ただしこの考えには建前も多分に含まれているかもしれません。やはりわが子の通知表やテストの点がよくなかったり、普段の取り組みが微妙だなと感じた時には、親として気が気でない思いをします。こんなんで将来大丈夫かな？と心配にもなります。親心もまたアンビバレンスなものです。

親としては勉強に身を入れて欲しい、けれど子どもは自主的に取り組む様子がない場合、どうしたらいいでしょうか。大事なことはアンビバレンスをうまく活用することです。「勉強しないとダメでしょ」「将来進学や就職できないよ」「私は学生時代に頑張ってきたのに、なんであんたはやらないの」など、「口先で子どもの現状を（繰り返し）否定すること」は、勉強嫌いを加速させたい場合にもっとも効果的です。それは「やらなきゃいけない」という義務感を急激に増幅させると同時に、綱引き関係にある「やりたくない」気持ちを急激に増幅させてしまうからです。

小学生くらいの年代なら、口で注意して無理矢理に勉強させることはそれほど難しくないかもしれません（ただし代償として着々と勉強嫌いになりますが）。一方で、中・高校生くらいの年代の子どもは、ご存じのように口ではなかなか動きません。自主的に前向きに学習することを促すために、アンビバレンスな気持ちを和らげてあげるといいです。例えば「勉強はほどほどにしてしっかり友達と遊べよ（やりたくない気持ちや、やらなきゃいけない義務感を鎮める）」や「私も仕事上の勉強があるから、40分だけ一緒に勉強付き合って（一緒に学習することで負担感を軽くする）」などが有効です。

いやいや「うちの子は負担を軽くすると本当に遊ぶことしかしないです」「一緒に勉強したけど、言い合いになったり、拒否されたりします」といった声もあるかと思います。上記のような、心の負担を軽くしつつやる気を促す方法が効果を発揮するためには、実はいくつかの前提条件が必要になるからです。それは次回のコラム「勉強するなら金をくれ」でお話ししたいと思います。

第10章 支援の構造④「ゆっくりでいいよ」の功罪

◎結局は学歴？

3～4年前、私が働くフリースクールで聞いた生徒の言葉。

「私たちにはゆっくりでいいよって言うけど、スタッフさんは附属とか高専の話してるよね。結局は学歴なんだなって」

フリースクールには30～40代の職員が数名おり、わが子の受験や進路についての話がときおり出てくる。その受験の話を耳聡く聞いた生徒（高校生）が、別の生徒に話した言葉だ。私はそれを偶然耳に挟んだ。

◎わが家の受験

小6と中3の娘、ともに私の勧めで今年受験をした。

あの附属と高専だ。島根県は受験の選択肢が少なく倍率が低い。唯一受験がある大学附属の小・中学校で1・5倍～2倍あるかないか（倍率非公表のため推定）。高校に至ってはトップランクの進学校でも0・9～1・2倍。私が暮らす雲南市の公立高校は0・7～0・8倍ほどである。

しかし当の地元受験生たちは気楽かといえば、そうでもない。初めてのことだから心配は尽きない。

あの言葉を聞いてから、自分の中でときおり考える。生徒だから「ゆっくりでいいよ」で、わが子だから「しっかり頑張って学歴つくれ」なのか？　少なくとも私はそういう感覚ではない気がしている。

◎皇女と呼んでください

「野中さん、あなたは平民ですよ。これから私を皇女と呼んでください」

ある女子生徒に言われた。

一瞬面食らったが、その子の味わいある言いようも手伝い、すぐに面白みが勝った。以前から、その子は「ゲイツの娘に生まれたかった」と私に話してくれていた。

素敵なご家族に恵まれ、その子の激情の嵐に誰もが翻弄されることはあるものの、家族仲も良く、経済的にも不自由なく、勉強もまずまずできる。

しかし常にカーストが意識され、今の自分では満足できないのかもしれない。

そしてその意識が「野中さん、あなたは平民ですよ」という言葉になり、「私は平民だから全然いいけど、皇女とは呼びにくいわ。皇女の○○さんでいい？」という返事になり、「う〜ん、そっか〜」というやりとりになる。

◎中学生と受験

先日、私がカウンセラーとして赴任している中学校で、「受験」をテーマに授業を担当させてもらった。

小グループでのやり取りと、全体での振り返りと、即興の質疑応答。

中3生からの質問の中に、「なぜみんなと一緒に勉強しなきゃいけないの？」という声があった。

私はそれにこう答えた。

「私の考えはこんな感じかな。多くの動物が集団で生活する。お互いに命を守りあい、食べるために協力し合う。人が生きる仕組みも同じで、集団で生活することで安全を維持し、生活を維持している。だから一緒に勉強しないといけないいんじゃなくて、人と一緒にいることそのものが生きるための手段なんじゃないかな。だから子どもの頃は他者と集団で協力し合う訓練として、学校で集団生活して『一緒に生きる技術を学んでいる』んだと思っているよ」

その時はそんなに悪くない答えのように思っていたけれど、後から読み返すと、なんかちぐはぐな感じもある。

『なぜみんなと一緒に勉強しなきゃいけないの？』の言葉に含まれる成分は何だろう。人とのやりとりの中で蓄積されたズレ感や違和感、集団への不安、一緒の苦しさ、そしてこんな思いをせずにはいられない自分へのやるせなさ。そんなあれこれが詰まっているんじゃないか。もっと違う言葉かけがあったんじゃないか。

◎塩梅についての雑感

「ゆっくりでいいよ」という声かけは悪くない。人を傷つけない柔らかな響きがある。しかしこの言葉を安易に多用するとき、その意味は変化してしまう。

「登校しなくてもいいよ」という一見すると不登校の子を受容しているような言葉。逆に「がんばれ」といった相手に面と向かって鼓舞する言葉。何かを良し、何かを悪しとしたときから、言葉の持つ意味が変質するのを感じることがある。カウンセリングにおける「傾聴」、不適応や不登校における「個別対応」もそうだ。この方法がいいといった単純さは物事を混迷させる。複雑な変化の中でバランスをとる試行錯誤の連続、その中で見える都度の塩梅があるのではないか。

五木寛之氏の著書の中で、「対治」と「同治」という言葉を知った。氏の言葉を引用すると、たとえば「高熱を発したときに氷で冷やして熱を下げるようなやり方を対治」「十分に温かくしてあげて、汗をたっぷりかかせ、そのことで熱を下げるようなやり方を同治」という。

相手と向き合ってアドバイスや励ましの言葉かけをする関わりもあれば、同じ目線に立ってただ一緒に寄り添ったり一緒に泣いたりする関わりもある。どちらが良い悪いではなく、相手の背景を理解し、状況を受け入れ、対話し、一緒に歩む中で、自然とその都度の関わりや言葉が発生する。その自然を阻害する他人事な打算や作為、当人の感覚や感情よりも机上の思考や論理が幅をきかせることのなんと多いことだろう。

その日、その時の塩梅がある。

◎メリトクラシー（≒能力主義）社会のサバイバル

生きている中で、勝ち負けや立場の上下を決定づけられるイベントがある。それ以前に、そもそも最初から決まっている勝ち負けや立場の差異もある。人生は勝ち負けじゃないと言えば聞こえはいいが、そう言い切れる人はかなり恵まれているという見方もできる。

教育学者の本田（2005）は、日本の近代社会が「学歴をはじめとする手続き的で客観的な能力が求められてきたという意味で、メリトクラシー的であった」と述べ、さらに「今日では、コミュニケーション能力をはじめとする独創性や問題解決力などのような、より本質的で情動に根差した能力が求められるポスト近代社会（ハイパー・メリトクラシー）に移行しつつある」と述べた。能力により地位が配分される社会で、誰にも高度な力が求められる傾向がある。

社会学者の苅谷（2001）は、このようなポスト近代社会化において「自ら学び、自ら考える力など、個人が主体的・自律的に行動するための基本となる資質や能力＝『生きる力』の育成に異を唱えることはむずかしい。だが、『自ら学び、自ら考える』個人、『主体的・自律的』に行動する資質を備えた個人に、だれもがなれるのか」と問題提起している。

高度化する現代、制度やシステムが張り巡らされた社会で、生活者である人がいろいろな場面で置き去りにされているように思える。立ち回りがわからず、かといってリタイヤもできず、行き場を失っている人がいる。

「APEX LEGENDS（エーペックスレジェンズ）」というサバイバルシューティングゲームがある。中高生から大人まで、幅広い年代を虜にしているクロスプラットフォームのゲームだ。そのゲーム中では、次第に活動できるエリアが狭まり、60人いるプレイヤーが撃ち合いながら徐々に脱落していく。現実社会においても、戦後から積み重なり続けているシステムの山とグローバルに張り巡らされた利害ネットワークにより、このゲームの状況さながら、多くを求める能力主義が人を追い立て、それについて行けない人を順に侵食して脱落者を増やしているのではないか。また一方で、脱落することが表面的に自分を守る手段として定着している現状があるのではないか。

フリースクールコラム　1月「勉強するなら金をくれ（前編）」

さて今回のコラム「勉強するなら金（またはモノ）をくれ」は、勉強に向かえないわが子をお金やモノで動かそうとすることはアリかナシかというお話です。お金をあげるから（または好きなモノを買ってあげるから）勉強しなさいというのはよく聞く話です。もちろん親としてそれがあまり良くないとは思いながらも、一向に動く気配のないわが子への苦肉の策であり、最終手段と考えてのことでしょう。私の子どもの頃を思い返しても、いい成績をとった時に2、3度、お金やモノを貰ったような気もします。勉強で頑張ってくれると嬉しい親心、さりとて思いどおりにはいかない子どもの行動。さて、どうしたらいいのでしょうか。

私なりの結論を申しますと、動き出すきっかけや、良い結果の思いがけないご褒美としてプレゼントすることはアリです。ですが、馬に人参をぶら下げて走らせるように「勉強したらこのお金をあげる」という事前の約束事は、お金をもらった途端に勉強への意欲が減退してしまう可能性が高いようです。それは、デシ（1999）の次の実験で明らかになっています。

発想次第でさまざまな形を作れる「ソマ・パズル」というおもちゃがある。大学生を2グループに分け、それぞれ30分×3回、パズルでさまざまな形を作ってもらった。1つのグループは1つ形を作るごとに1ドルの報酬が得られ、もう1つのグループには報酬の話はしなかった。間で

8分間の休憩をとり、その間、実験者（監督）は席を外した。すると、報酬がないグループは休憩中もパズルに取り組む時間が長く、反対に報酬をもらうグループは取り組み時間が少なかった。つまり、本来楽しいと感じていたパズルが報酬をもらうための手段に切り替わってしまい、パズルをすること自体への興味や意欲が薄れたのである。

人はそれぞれに能力の違いがあり、覚えるのが得意な子、考えて工夫するのが得意な子、体を動かすのが得意な子、思いやりや気遣いに長けた子など、一人ひとりにはさまざまな長短があるものです。そして各自の得意な部分を伸ばす中で、自然と学習にも身が入っていくものと私は考えています。一方で「学校の勉強の出来・不出来」ばかりが良くも悪くも注目されやすく、学校でも家でも「勉強できてるの？」と大人の期待の目にさらされやすいものです。「成績」や「試験」が進学・就職に直結しているという感覚が、親の側に根強くあるためでしょうか。では、勉強や学習自体への興味や意欲を高めるため、われわれ親にできることは何でしょうか。

第11章 支援の構造⑤ ファミコン世代が考える、わが子の「スマホ依存予防」作戦

◎ゲームと私

私がテレビゲームをはじめて買ってもらったのは、小学1年から2年に上がる春休みだった。その当時、鹿児島に住んでいた私であったが、春休みで母の郷である島根に来ていた。そこでどういう経緯かは忘れたが、祖父から欲しいものを聞かれた私は「ファミコン」と答え、祖父と母と一緒にデパートに買いに行った覚えがある。

任天堂より1983年7月15日に発売されたファミリーコンピュータ。通称ファミコン。定価1万4、800円のこの高額なゲーム機を、祖父は孫である私に買ってくれた。

ファミコンを買い与えられた私は、当然のことながらのめりこんだ。まだ高橋名人が「ゲームは1日1時間」という名言を発するよりも前である。おそらく当時の母は、私にゲームの時間を制限するよう約束したり、約束を破った際のペナルティを言い聞かせたはずである。しかしそこは小学生。母の言葉だけのルールや口約束はまったく記憶に残らず、右から左へと流れていく。

こうして私は、母が課したであろうゲームの時間制限やペナルティのルールは受け流しながら、より面白いファミコンソフトを求めて、お小遣いアップと新たなソフトを買ってもらう交渉に日々心血を注いでいた。

◎わが家にスマホがやってきた1

あれから30年。そんな私が父になった。そして高校生になる娘にスマホを買う日が来た。なまじファミコン世代として培ってきたデジタル機器との長年の付き合いがあり、スマホやネットの知識をもっているだけに、娘とスマホとの間にどう関与したらいいか、さまざまな考えが巡る。

◎ネット利用状況——内閣府の調査より

令和3年度「青少年のインターネット利用環境実態調査」の調査結果（速報）によれば、平日1日あたりのインターネット利用時間が5時間を超える割合が、小学生で21・9％、中学生で35・5％、高校生で46・0％に上る。この傾向はここ数年で見ても年々増加の一途をたどっている。

また、インターネット利用に関する家庭のルールを決めているという保護者の割合は、小学生で88・4%、中学生で82・0%、高校生で65・4%である。しかし一方、家庭のルールを決めているという青少年の割合は、小学生で77・3%、中学生で70・0%、高校生にいたっては39・5%しかインターネット利用についてルールを取り決めていると回答していない。

つまり、親は「しっかりルール決めたよね」と思っているのに対し、子どもの多くは「そうだっけ？」となっている実態があるようだ。また、ルールを決めていることやルールを認識していることと、それらが守られていることとは別問題でもある。

◎わが家にスマホがやってきた2

スマホショップに娘と一緒に足を運び、買いたい機種を決めた。娘は好きなゲーム（プロセカ〔プロジェクトセカイ〕）ができるスペックならなんでもいいと言う。それならと、毎月の支払いが比較的安価な機種を購入。

契約説明の際、店員さんに「あんしんフィルターはおつけしますか？」と聞かれ、今後の参考にしたいとの思いから「どんな感じですか？」と聞き返す。すると「正直、ほとんどのアプリが制限されるため、皆さんつけないことが多いです」とのこと。内心、そんな案内でいいの？と思いながら、契約の話を聞きつつ自分のスマホであんしんフィルターについて調べてみる。

◎あんしんフィルター

あんしんフィルターを使うことで何ができるのか。簡単にいえば、子どものスマホの利用状況を親のスマホで確認できるとともに、利用を個別に設定・制限ができるのである。

あんしんフィルターの利点

1. 日々の利用時間や利用状況がひと目でわかる
2. 利用できる時間を、アプリ、ネット、電話それぞれで設定・制限できる
3. 有害と思われるアプリや年齢不相応と思われるアプリを自動的に遮断するとともに、利用できるアプリを個別に決められる

多くの親はあんしんフィルターを使う前に、こうした管理の煩雑さの断片を聞きおよび、子どもの利用状況を把握することを諦めてしまうのかもしれない。そして毎日スマホばかり使う子どもに向かって、注意をしたり口約束したりして、その場限りのやりとりをしてしまうのだろう。とふと妄想する。

◎わが家にスマホがやってきた3

結果、わが家ではあんしんフィルターを導入した。娘と話し合って、利用制限がかかっているアプリを使いたい場合は私に言ってくれたら制限を解除すること、電話はいつでも使える状態にしてアプリやネットを22時以降は使えないようにすること、使いすぎたときは以後1週間使える時間を制限することを約束した。

こうして娘のスマホを購入してはや2カ月。平日最大2時間半、休日最大4時間半以内の利用約束であったが、予想どおり平気でルールを超えてくる。一方で当の娘は、あんしんフィルターの画面で利用時間を確認するまでは、自分がルールを破るほど長時間使っている自覚がないとのことである。ここに私がフィルターを導入した理由がある。娘は私と同様に依存しやすい体質だと思われ、娘に限らず1度スマホやネットへの依存が強まるとドーパミンの作用により自分自身で利用をコントロールすることや回復することが難しいのである。

◎ドーパミンの欲求、前頭葉の制御

私がスマホやネットで最も怖いと感じていることは、自制が効かなくなるほどに自分の脳をコントロールされてしまうことである。利用時間にせよ、課金額にせよ、自分の認識と実際には大きなズレが生じることも多い。

スマホやネット、オンラインゲームにどっぷり浸かってしまうとき、人の脳内ではなにが起きているのだろうか。ベストセラー『スマホ脳』の中でアンデシュ・ハンセン（2020）は「ドーパミンの最重要課題は、人間に行動する動機を与えること」だと述べている。スマホで新しい情報を得るとき、ゲームでガチャを引くとき、ＬＩＮＥに着信マークがついているとき、ＳＮＳに投稿して反応を待つとき、つまり何かを得ることを「期待する」ときに、脳内でドーパミンが出て、抗い難い強い欲求が起こる。パチンコや競馬などのギャンブルも同様で、当たるかもしれないという期待感にやめられない理由がある。

また、スマホ依存、ネットゲーム依存は意欲や歓びを減退させるだけにとどまらず「睡眠障害、注意力や遂行機能の低下、意思決定の異常、うつ状態、社会的機能の低下」といったさまざまな問題を引き起こす。さらに最近では「記憶力の低下、デジタル認知症、急性斜視」などの症状も問題視されている。

特に問題なのが、こうしたスマホ依存やネットゲーム依存は、子どもの方が大人よりも強く影響を受けることである。人に分別ある判断をさせ、軽率な判断をしないために衝動のブレーキとして機能している脳の「前頭葉」。この前頭葉は「二十代はじめになるまで完全には発達しない」のである。つまり、子どもは大人ほどに衝動をコントロールできないことが前提であり、依存に陥らないようにするにはスマホやネットを使う環境を大人がどう調整していくかが大事である。

こうしたネット依存に早くから警鐘を鳴らし、治療にあたってきたのが神奈川県にある久里浜医療センターである。院長である樋口進氏監修の『心と体を蝕む「ネット依存」から子どもたちをどう守るか』の中で、家族の訴えによるネット依存の行動パターンとして、「ネット時間について嘘をつき、風呂場やトイレ、布団の中で隠れてネットしていた」「止めるよう声をかけたら、人が変わったような目つきで怒鳴り返してきた」「取り上げたら暴力をふるった、あるいは部屋の物を壊した」「部屋から大量のウェブマネーの領収書を見つけた、預金や貯金箱のお金がなくなった」「しばらくネット使用を禁止していたら無気力になり、部屋に閉じこもってなにもしない状態が続いた」などが挙げられている。

なおスマホやネットゲームへの依存のしやすさは、皆一律というわけではない。岡田（2014）は、2005年の寝屋川調査の魚住の分析より、依存リスクが高まる要因として『男子、早期開始、多動傾向、集団適応が苦手、偏食、幼い頃の愛情不足、いじめ・孤立、過保護な養育』を挙げている。また、香港や韓国等の調査も参照し『成績不振、家庭内の葛藤の強さ、親との離別、家族の結びつきの弱さ』も依存のリスクを高める要因であるとしている。

◎わが家にスマホがやってきた4

よく約束の時間を超過してスマホを使っているわが娘。あんしんフィルターの画面で、スマホをどのくらいの時間、何に使ったのかを一緒に確認し、「なんで自由に使えなくなると分かりながら使いすぎてしまうんだろう」と聞いてみた。すると「スマホを使ってるときには、そこまで使ってる意識がない」とのこと。それならと、スマホをどのくらいの時間、何に使っているか娘自身のスマホで分かるよう「Digital Wellbeing」の機能（※18）を娘に教え、使うよう促した。

まだ経過観察中であるが、「話し合い＋自分で時間を確認できる機能」は利用状況の改善に一役買っているように思う。スマホやネットの使用を制限することも必要ではあるが、それと同時に利用状況を一緒に確認すること、どうしたらいいか家族で一緒に話し合うこと、そしてスマホやネットを使う楽しみや可能性が拡大する未来を提示することも大事だと感じている。

※18　Digital Wellbeing の機能：フィルタリング・サービスには docomo や au などの携帯キャリアが提供する「安心フィルター」のほかに、アンドロイドのスマホ端末を使っている場合は Google が提供する「Digital Wellbeing（および Google ファミリーリンク）」、iPhone を使っている場合は Apple が提供する「スクリーンタイム」がある。いずれもスマホの「設定」画面から無料で利用ができ、スマホの利用時間や用途の確認、利用の制限などができる。

フリースクールコラム　2月「勉強するなら金をくれ（後編）」

子どもが学習への興味や意欲を高めるために必要なこと、1つめは心の土台です。私のところに相談に来られる方は思春期のお子さんをもつ場合が多いのですが、今回は乳幼児期の発達のことからお話しさせてください。

《心の土台》

乳幼児の心身発達と環境との関連を調査した『大阪レポート』（1980年）によれば、子どもの心の土台を育むためのいくつかの指標が示されています。その中で子どもの発達に悪いこととして「体罰」「イライラや疲れなど母親の精神的ストレス」を挙げており、反対に発達に良いこととして「母親の近所の話し相手が多い」「母親のかかわる時間やかかわりの度合いが多い」「父親の育児への参加・協力」などが挙げられています。

ちょっとこの指標に違和感を覚える人もいるかもしれません。調査時の時代背景の影響により、母親が子育ての主であるという通念を基本にし、男性優位の家父長制を感じさせるためです。この点は2022年現在の社会通念においては受け入れにくい方も多いことでしょう。一方で、その中身自体に目をやったときに、親の「安心」が重要であることを読み取ることができます。こうした身近な大人の「安心」をもとに、乳幼児期の子どもの心に目には見えない土台が築かれていきます。

《土台の上に積みあがる学習》

とはいえ私も含め、日々の生活の中で、いつも子育てばかりに注力できる親ばかりではありません。日々の生活や仕事に一生懸命な親と、自分の欲求や気持ちを言葉にできない乳幼児。このギャップを埋めるためにはどうしたらいいのでしょうか。子どもの成長を身近な大人が傍で見守り、子どもの気持ちや欲求を汲み取ることが、親が親として育つことの大事な要素でもあります。量（一緒に過ごす時間）があるから質（関わりや理解の質）が高まるイメージです。親自身が無理なく子どもと一緒に過ごす時間をどう確保し、子どもの不快（おむつ替えて、おなかすいた、ねむい）に応えながら、不安（一緒にいたいよ）を安心に変えたり、緊張（家族のイライラや他人の集団の中に入ること）を緩和していけるか。お金を出せば世話や手間がアウトソーシング（外部委託）できる時代だからこそ、家族で一緒にいられる時間および家族個々や家族間の情緒をマネジメントする力が試されている気がします。

安心の土台が育まれている子どもからは、好奇心や興味の枝葉が広がります。そんな時は、やりたいことを、やりたいようにさせることです。乳児期であれば自分でご飯を食べたがる、幼児期であれば同じ絵本を何度も読みたがる、帰り道の公園で遊びたがる。さまざまな興味にじっくり繰り返し応えていくこと。それも子どもの望むタイミングや成長の瞬間を見逃さないために、親自身が一緒にいる時間を大切にして一緒に経験することを心がけるのが、子どもに良い「経験」と「刺激」を積み重ねる一歩です。こうして安心の土台があり、経験や刺激を積み重ねる中で、自然と学習する力が発揮されるようになります。あくまで理想ですが。

《勉強に熱意を持てる子の土壌とは》

畑で野菜やお花を育てていると、土壌づくりと、苗の丈夫さがいかに大事かを実感します。土壌が枯れていたり苗が弱いと、発芽してもすぐに枯れてしまったり、病気がちになってしまいます。子育てにおいては種や苗（子ども）を交換することはできませんが、土壌づくりは時間と手間と工夫でいくらでも改良できます。発芽以降、実りのときまで、心身ともにすくすく育ちつづけるためには土壌づくりが大切です。

原田（1995）は「乳幼児期から小学校低学年までの育ちが不十分な場合には、不登校や非行、家庭内暴力、心身症などの形で問題が生じる」「心の歪みや停滞には気がつかないものです。それがはっきりと見えるようになるのは思春期になってから」と指摘していますが、私が思春期の子どもたちの支援をする中でも、この時期の育ちの大事さを痛切に感じています。こうした乳幼児の心の育ちは、身近な大人との「愛着」に基づいています。高橋（2010）は「愛着の目的は子どもが平穏で、安心感を持つことである」と述べていますが、このことを意識しながら親が自分自身の平穏や安心感のもとで子育てできることは稀なことなのかもしれません。

思春期の子どもの学習の話しに戻ります。つい口うるさく「勉強しなさい」と言ったり、親ができなかったことを無理にやらせようとしたり、親ができているからといって（同じことができると決めつけて）期待をかけすぎることがあります。人は「快」を好み「不快」を遠ざける性質をもっています。イライラした様子で勉強するよう言われ、無理矢理にやらされることは、子どもにとって「不快」です。前回触れた「勉強しないとダメでしょ」「将来進学や就職できないよ」といった言葉が、なぜ子どものやる気や勉強行動を阻害してしまうのか。その答えがここにあります。

私も含めて完璧な親などいない中で、誰もが「あの時もっとこうしておけばよかった」と後悔することがあるのではないでしょうか。心や脳の成長は目に見えないものです。その成長を見守る親は、「子どもについて実はよく知らないのではないか」という出発点に立ち、気づいた時点から子育ての見直し・やり直しをしていく気持ちが大切なのかもしれません。

第12章 幕を閉じる

◎ものごとを閉じる

「閉じる」ことは難しい。思いきれないから難しいと思い込んでいるだけかもしれない。とにかく閉じるイメージを持つことは、何かを始めることやより良くすることに比べて、エネルギーの向けどころがわかりにくいと私は感じている。

今の家に16年住んでいる。わが娘2人が生まれ育った持ち家だ。田んぼに囲まれた農道沿いの平屋の一戸建て。景色も空気も居心地も良い。地域の方にもお世話になってきた。14年間可愛がってきた飼い猫も眠っている。しかし車がないと生活できず、最寄り駅やスーパー・コンビニ・病院まで歩いて30～40分かかる。およそ5年後、子どもたちが独立した後も住み続けるのか。それとも家を閉じるのか。果たしてそんなことが可能なのか。

28歳時から44歳（執筆当時）までフリースクールを運営してきた。何事も生徒と一緒に考え、一緒に行っていくことを実践してきた。しかし近年は老眼と白内障治療の結果、勉強を教える際や小論文の添削をする際などに困ることが多い。普段使いの眼鏡ではまず文字が読めないという状態からスタートするため、教える瞬発力が著しく低下した。動体視力にも影響があり、高校生とキャッチボールしていると速い球がふと消える。眼だけでなく足首や腰の痛みがクセになっており、一緒にバドミントンやフットサルをする際に対等にプレイできるとは言い難くなってきた。20代や30代の頃と比べて同じ質で生徒たちと関わり続けることが難しい中で、どこで何を転換するのか、いつどのようにスクールを閉じるのか。

◎ボリュームゾーンの老化

こう書くと中年男性が子育て後の人生（俗にいう第二の人生）や老化の悩みに直面して当惑し愚痴を言っているように感じられるかもしれない。確かにそうした側面もある。一方でこの事象を日本全体に拡大して考えた時、歴史上初めてとも言える少子高齢化の大波の中で、人口ボリュームが大きい40代～50代前半の団塊ジュニア・ポスト団塊ジュニア世代の老化が社会の構造に及ぼす影響は少なくないように思う。

この世代と話をしていると、認知症の家族・介護が必要な家族を抱えながら仕事や生活を支えていること、家族の大病や死による家族資源の不足を抱えていることなど、出口の見えない話を聞くことがしばしばある。こうした話自体は今に始まったことではなく多くの家庭が直面してきた困難であるが、これまでにない日本全体の高齢化の中、経年の変化によりじわじわと苦境に追い込まれている人の割合が次第に増加しているように感じている。

◎人生を閉じる

人生を閉じることもまた難しいなと感じる。ついこの間のこと。祖父、母、叔父、妻、娘2人と一緒に過ごすお盆。96歳になる私の祖父は、日頃お世話になっているデイサービス施設の事情により、しばらく通う場のない夏を過ごしていた。不意に「おらぁ、いつ死んでもいいと思ってる。いつ死んでもいいと思っているようだけれども、それでも薬を飲んでるし、なにか調子が悪くなれば病院に行って診てもらってる。結局は死にたくないということだわなあ。だから薬も飲むし病院にも行く」と笑う。

家族以外の誰かに対して、死にまつわる話しをする機会は少ない。私はそう感じている。私がはじめて死の輪郭を感じたのは4～5歳の頃だった。母の田舎に帰省した際、それまで元気だった大祖母が寝たきりになっていた。当時小さかった私は大祖母が臥せている部屋に行き、枕元で話をした。そのときの常夜灯の茶色く薄暗い光が記憶に焼きついている。ほどなくして大祖母は亡くなった。

それから40年。いくつかの印象的な死があった。10代のとき、私の友人と親しかった高校の同級生が事故で亡くなった。20代のとき、高校の友人が突然亡くなり弔問した。30代のとき、大学の後輩が急逝したと伝え聞いた。40代になり、高校の同級生で親しかった友人が病で亡くなった。誰もかれも予測した死でもなければ、思い描いていたような最期でもなかったであろう。

◎自分にかぎって死ぬことはありえない

「死とその過程」に関しての実践と研究を数多く残す精神科医エリザベス・キューブラー・ロス（2001）は「私たちは無意識のうちに『自分にかぎって死ぬことは絶対にありえない』という基本認識をもっている」と述べている。そのため人はいよいよ自らの死が近づいていることが分かると、否認し、怒り、なんとかできないかともがく（もちろん人によって心境や過程に違いがある）。しかし、いよいよどうにもならず鬱々とした日々を過ごし、次第に死を受け入れていく。ロスは、多くの末期がん患者とのインタビューを経て『患者にとって死そのものは問題ではなく、死ぬことを恐れるのは、それに伴う絶望感や無力感、孤独感のためであるということがわかった』と考察している。

私が「死」の理解に前のめりになったのは昨年度のこと。コロナ禍の2年間で祖母、飼い猫、父が相次いで亡くなったことによる。とりわけ父の死によって、次は私の番だという自覚が急に高まった。「今まで死というものを考えたことがなかったのに、父親が死んだら、死と自分との間に父親が立ち塞がっていたのがわかった、死と自分が直面するようになった」との遠藤周作（1996）の著書にある記述は、今の私の感覚そのものだ。

前述のロスによれば、重大な疾患などで死に直面した際の絶望、無力、孤独を和らげるものがあると言う。自分に関心をもってくれる人と話し合えること、その人自身の必要感や困難感に寄り添う人がいること、(死にまつわる話題等について）遠回りな聞き方でなく素直に質問してくれる人がいること、自分に意味があり誰かの役に立つと思えること。そうした1つひとつが死の間際の絶望、無力、孤独を和らげてくれる。また、「ほとんどの患者が自分の不安を他のだれかと分かち合いたいと願っていて」「一人残らずいくばくかの希望を持ち続け、とりわけつらい時期の心の糧としていた」とも述べている。フリースクールを運営する者として、こうした疾患による絶望、無力、孤独の緩和と、学校や職場、社会集団で適応できない子ども、若者たちの（自分が自分でいられない）絶望、無力、孤独の緩和。状況は違えども、死に直面した人と不登校やひきこもりで心身の状態が弱り切っている子どもたちとの心理過程に共通するものを感じる。

◎死ぬことの意味

そんなあれこれ、閉じることや死ぬことに思いを巡らせているとき、書店で平積みされている本の帯に目が留まった。そこには「私たちが死ななければならない『重要な意味』とは？」と書かれていた。生物学から見た死の仕組みが書かれた小林武彦著『生物はなぜ死ぬのか』。その理由はここでは割愛させていただくが、読み進める中で、やはりというか衝撃を受けた記述がある。生物学的には55歳くらいから「ゲノムの傷の蓄積量が限界値を超えはじめ」「異常な細胞の発生数が急増し」「そこからは病気との闘い」になるとのことが書かれていた。つまり、多少の個人差はあれ、人の機能を維持する分岐点が55歳頃であるという。繁殖の時期を終えると死を迎える生き物が多い中、哺乳類は子どもが未熟な状態で生まれるため、子が育つ程度の年数を生かされているということだろうか。

生きること自体に意味があるわけではないと何かの本で読んだことがあるように記憶している。しかし人間は考える生き物であるから、生きることに意味を見出し発展の原動力としてきた。それと同じく意味を見出さずに死ぬことは難しいのかもしれない。歴史上では僧や武士、庶民、軍人が、飢饉や戦乱、病気、感染症など死に直面する中で、多様な死ぬ意味を見出し支えにしてきた。一例として「浄土へと往生するには、南無阿弥陀仏（なむあみだぶつ）と申すだけ。阿弥陀仏の願いを疑わずに念仏申す、その他には何もない」という法然思想がある。この思想的発明とこうした思想が普及するに至った苦難多き時代背景は興味深い。死に直面した人は、その絶望感、無力感、孤独感を受け入れて死に向かうために、分かち合える人、未来への希望、そして支えとなる意味を欲する。

ここまであれこれと書いて思うことは、成長や発展の上り坂は人の考えや意図が及ぶ余地があるが、老化や衰退の下り坂はただ世情の在りように任せて（支えとなる杖を求めながら）転がり下るよりほかないのではないかということである。山本周五郎の小説『ながい坂』の登場人物たちの人生の浮き沈みがふと思い出される。閉じることも、死ぬことも、考えてもどうしようもない。むしろその時が訪れたときに初めてどうなるかが分かるといった具合なのかもしれない。私はカトリック系の幼稚園を卒業し、浄土真宗で葬儀を行い、地域の行事では神道のお祈りに頭を垂れるような、悪く言えば曖昧模糊とした無信仰者、良く言えば異種混合の宗教観を持つ雑学者である。これまで当たり前にできていたことや享受してきたことが当たり前ではなくなる高齢化社会にあって、対人援助職者としての自分の在処、衰退する中での希望、死ぬことの意味を模索している。他方、そんな個人の小さな感傷をよそに、世界の人口はおびただしいほどに増え続け、社会は絶えず揺れ続けている。

フリースクールコラム　3月「辛いことや失敗の先に見える景色は」

いよいよ卒業間近です。つい最近まで幼さが感じられた3年生も多くいましたが、入学・転学当初と比べると頼もしくなったなあと感じています。卒業後に大学や専門学校に進学する生徒、そして就職する生徒、それぞれの道を歩むことになります。見送る側の私は、卒業していく皆が社会生活の中で継続して力を発揮すること、そのために共に生きる人々に「感謝できる力」をつけて「人の役に立つ」社会人に成長していくことを願っています。

《私と感謝との出会い――経験と想像の道程》

私自身のことを省みると、家族や身近な友人以外に対して「感謝の気持ち」が意識できるようになったのは20歳前後だったでしょうか。部活動（演劇部）中心の大学生活をしていた私は、1回生時に学年リーダー、2回生時に企画渉外、3回生時に部長と、毎年何かしらの役職をいただいていました。その中で、役割を果たすことの大変さや上に立つ責任、そして人間関係の難しさを嫌になるほど経験し、答えがなくどうしていいかわからない経験を繰り返す中、前任者の先輩たちの苦労に気づいたのが始まりだったような気がします。

特に2回生時の役職「企画渉外」、その仕事のひとつだったコンパの引率が嫌で嫌で仕方がなかったものです。1カ月前までに参加者を確認して（個室が取れるか、料理が適当か、騒いだり一芸披露の場があるかなどを調べ）お店を予約し、先輩に下話や根回しをし、当日は座席表や席くじなどを作り、部員30～40名を連れて「大学↓地下鉄↓夜の名古屋の街↓コンパ会場（大きめの居酒屋）」へと徒歩で引率し、慣例にならいコンパの司会やお酒・食事出しや接待をし、盛り上げのコールを先導し、帰りの引率ではときおり駅で部員の吐しゃ物の片付けをしつつ、歩けなくなった後輩をフォローし、その道中に先輩から今日のダメ出しや改善の説教を受けるという地獄のような役職でした。とはいえ、20年以上経った今となっては良いも悪いも含んだ思い出であり、貴重な経験だったと感じています。余談ですが、当時は高校卒業して大学生や社会人になったらお酒解禁といった風向きがあったように思います。一方で今ならコンプライアンスに引っかかることでしょう。今でも後追いで問題化することもありますが、学生時代、そこまで品行方正な私ではなく、事実は事実として記します。

閑話休題。人の世話をしたり、細やかに気遣いをすることにまったく不慣れな大学生の私です。どう動いていいのか、何が正解なのか分からず、動くことも考えることもままならなかったことを覚えています。毎日の演劇の稽古や公演、その節目に年5～6回ある公式のコンパ。そのたびに憂鬱な気持ちになったものです。そんな時、仕事を手伝ってアドバイスしてくれる前任の先輩、説教したり怒ってくる厳しめの先輩、寄り添って話しかけてくれる先輩を見渡した時、それぞれが部内で役割を持って、その人なりに頑張っていることが分かるようになりました。関わりを通じて、自分自身が経験を積むことで、相手のことを想像できるようになった瞬間（感謝との出会い）でした。

《自分が関わる意味を求めて――学びと理解の道程》

「人の役に立つ」という意識が芽生えたのは、それからかなり後の28歳頃だったように記憶しています。フリースクールの運営を始めた私でしたが、当時は試行錯誤と失敗の連続でした。生徒と歳がそう離れていなかった当時の私は、生徒と仲良くなって談笑したり遊んだりすることは今よりずっとスムーズでした。ですが生徒に非日常の事態がおきた時――それは突如訪れ、無気力や意欲減退、稀にリストカットや薬の大量服薬等を伴いました――ただ無策で無力でした。大学で心理学を学び、学習塾で勤めていた程度の私の知識と経験では、どう対処していいかも、普段の学校生活の中でどう予防できるのかも分かりません。

どうしたら生徒たちの負の面を理解し、悪い事態になる前に気づいて予防の一手が打てるのか。もしくは事態の変化にいち早く気づき、動くことができるようになるのか、考え、想像しました。ですが思い付くことはなく、日々の関わりやこれまでの経験だけではどうにもならないと感じ、専門学校や大学院の門を叩き、心理学に限らず人間科学、精神医学、福祉学、社会学等を学びました。そして、社会人になって課題意識をもって学ぶことが、いかに身になり、面白く、そして苦しいかを実感することができました。

大学院で特に身にしみた学びは、家族療法や家族システム論、人間中心のグループ論などです。こうした専門的な学びの中で、聞きかじった話や本・テレビ・ネットで断片的に得た「ただの情報」と、学び続ける中で得た「知識や技術」との間に雲泥の違いがあることを痛感しました。そして正しいと思い込むことの怖さや、自分がいかに見えていないか、分かっていないかを出発点として人やものごとを理解しようとし続けることの意義を学びました。さらにどんな仕事においても、情熱や誠実さ、相応の知識や技術の習得（そしてそのバージョンアップ）、そしてたゆまぬ行動の連続が、職業人として自分の身を助け、かつ他者を支える「人の役に立つ力」になるのだと知りました。

《大人の階段を上る人へ――使命と継続の道程》

本学園には卒業生がよく遊びに来てくれます。そして多くの卒業生が進学先や就職先の苦労を語ってくれます。その際、その子が社会集団でやっていけそうかを嫌が応でも感じることがあります。その最たる違いは、今に「感謝できる人」と、今に不満をもち、学校や会社、そこで関わる人にいつも「文句を言う人」との違いです。今まさに、自分の周囲の人や環境に感謝をすることは、なかなかに高度な能力です。それは、自分を客観的に見つめることができ、自分が学校や会社の一部であるという共同体意識をもち、今の境遇が自分の選択から来たものと認識し、そして自分と他者とを相対的に比較して他者を慮《おもんぱか》ることができる、複雑で高度な技術です。一方で、いつも誰にでも不満や文句を言う状態は、現状を受け入れられない未熟さや自信のなさの表れであり、時に友人・知人を道連れにして陰気な連帯をつくり、いつの間にか所属する集団から孤立したり疎外される危険をはらんでいます。

本学園を巣立っていく生徒たちは、その多くがまだ10代です。学校生活や友人との関係性、アルバイト等を通じて少しずつ大人に近づいています。入学前とは比べものにならないくらい、できることが増えています。ですが、まだまだ自分中心で、その日の気分や狭い思考の中に存在しています。子どもとはそういうもので、それでいいとも思います。ですが近い将来、そうした自分の我欲を超える使命をもち、「人に感謝できる」ほどにさまざまな経験を積み、「人の役に立っている実感」が得られる日がくることを期待しています。私自身もまったく道の途上ですので、生徒たちに追いつき追い越されることを楽しみにしながら、日々を歩んでいきたいと思います。

あとがき

自分で言うのもなんですが、私の経歴は少し変です。「住んだ土地」と「バイトや仕事」と「通った学校」が人よりも少し多いのです。

土地でいえば、父の全国転勤の影響で京都→兵庫→福岡→福岡→鹿児島→東京→東京→千葉と、小学校5年生までに8カ所転居。その後、大学で一人暮らしを始めてからも愛知→東京→東京→島根と4カ所。合わせて12カ所の土地に住んできました。中でも島根は28歳でIターン移住して以来、16年間住んでいます。

バイト・仕事でいえば、短期間のバイトは高校時代の郵便配達をはじめに、書店、工場の箱詰め、劇場の搬出入、引っ越し、試食販売、塾講師と7つ。1年以上勤めたものではパソコン販売、テレフオンオペレーター、住み込み新聞配達員、塾講師（社員）、嘱託の就業プランナー（一次産業分野の求人開拓と移住者への職業紹介）、産業カウンセリング研修講師、スクールカウンセラーの7つに加え、28歳で起業してからは事業主体としてフリースクールの運営を行い続けて15年が経ちました。正味15

の仕事に携わった経験を持ちます。

最後に学校について、小学校入学時は鹿児島にいましたが、小3で東京に転校、小5で千葉に転校したことから、小・中・高校の時点で5校に通っています。さらに大学、専門学校（中退）、そして島根に移住したのちは、職業訓練校、専門学校、大学院修士課程、大学院（科目履修）、大学院博士課程と、小学校から通算して12校、合わせて25年通ってきました。その多くは仕事をしながら通い、修士時代は2年間「島根～京都」間を毎週通学していました。

前振りが長くなりました。つまり何かといえば、ほかの多くの人と比べて、私自身は寄り道・回り道の多い人生を歩んできたということです。

本書に書いてあることは、こうした変な経歴を辿ってきた私が、先人の知恵と自身の経験とをもとに書いたものです。そのため、必ずしも万人の支持を得られるような考え方ではないかもしれません。ですが一方で、こうした普通じゃなさが一部の子どもたちやご家庭に支持をいただき、15年間、フリースクールを続けることができました。本書が、そうした誰かにとっての一助になることを願いつつ、結びの言葉とさせていただきます。ご拝読ありがとうございました。

最後に、この本の出版に甚大なご助力をいただいた恩師の村山正治先生、『対人援助学マガジン』の連載に声をかけていただいた恩師の団士郎先生、オランダのイエナプラン研修でお世話になったリヒテルズ直子先生、そして出版の実現への道筋をつけていただいた遠見書房の山内俊介代表に、この場をお借りして心より感謝申し上げます。

加えて、楽しみや歓び、苦しみや葛藤や失敗など、たくさんのことを一緒に経験してくれた生徒・卒業生たち。電話やＬＩＮＥや機関誌の裏書きで私とたくさんの言葉や気持ちを交換しながら子どもの育ちを支えてこられた保護者の皆さん。そしてこれまで一緒に働いてきたスタッフや連携機関でお世話になった方々。右も左も分からないスタートアップの時期を支えてくれた職員や大事な支柱の一つを担ってくれた卒業生職員の皆さん。移住や起業といった不安定な時期、フリースクールという変化の激しい仕事を支えてくれた家族。最後に、私の無理難題に粘り強く付き合ってくださり本書の出版に尽力していただいた遠見書房担当の久保さん。こうした私と関わってくださった誰もが、本書の中で息づいていることを感じています。改めまして、この場をお借りしてお礼申し上げます。

※本書の内容の一部（7〜12章）は、「対人援助学マガジン」で連載をしていた『島根の中山間地からWork as Life』をもとに一部書き直したものです。

杉山登志郎（2007）『発達障害の子どもたち』講談社
鷲見たえ子・玉井収介（1960）『学校恐怖症の研究』精神衛生研究，8; 27-56.
鈴木匡（2015）『米国におけるオルタナティブ・スクールの分類と効果に関して』神奈川大学心理・研究論集，38; 37-42.
高橋惠子（2010）『人間関係の心理学―愛情のネットワークの生涯発達』東京大学出版会
高松里・井内かおる・本山智敬・村久保雅孝・村山正治（2018）『オープンダイアローグが拓く風景』九州大学学生相談紀要・報告書
武井哲郎・金志英（2011）『公教育の担い手として認められるということ―日韓のオルタナティブスクールを事例として』東京大学大学院教育学研究科教育行政学論叢，31; 41-56.
鑪幹八郎（1963）『学校恐怖症の研究Ⅰ』児童精神医学とその近接領域，4; 221-235.
寺田道夫（2018）『不登校の子どもの理解と支援―学校で今できることは何か』ナカニシヤ出版
氏原寛・成田善弘共編（2000）『臨床心理学②診断と見立て［心理アセスメント］』培風館
梅根悟（2002）『新装版　世界教育史』新評論
ヤーロム，Ｉ．（2007，岩田真理訳）『ヤーロムの心理療法講義』白揚社
山本周五郎（2018）『ながい坂（上）（下）』新潮社
山崎準二（2012）『教師教育改革の現状と展望―「教師のライフコース研究」が提起する〈７つの罪源〉と〈オルタナティブな道〉』教育学研究，79(2); 182-193.
吉井健二（1999）『不登校を対象とするフリースクールの役割と意義』社会関係研究，5(1･2); 83-104.
ヨシタケシンスケ（2019）『思わず考えちゃう』新潮社

要，16; 37-48.
野中浩一（2018）『オランダが拓く教育の自由―イエナプランから学ぶ、個々のサイズに合った教育』東亜大学大学院総合学術研究科臨床心理相談センター紀要，19; 17-22.
野中浩一・村山正治（2020）『通学型の通信制高校における緩衝要因と進路選択―インタビュー記録からの考察』東亜大学大学院総合学術研究科臨床心理学専攻紀要，19; 25-34.
小笠原真（1967）『第一次及び第二次集団理論の検討―集団類型分類基準に関する一考察』大谷学報 47(1); 26-45.
小川瑛（2019）『心理臨床家の経験知に基づくラポールの定義について』Rikkyo Clinical Psychology Research, 13; 15-24.
岡田尊司（2011）『人を動かす対話術―心の奇跡はなぜ起きるのか』PHP研究所
岡田尊司（2014）『インターネット・ゲーム依存症―ネトゲからスマホまで』文藝春秋
太田和敬（2005）『オランダの教育の自由の構造―国民の教育権論の再検討のために』日本教育学会大會研究発表要項
リヒテルズ直子（2006）『オランダの個別教育はなぜ成功したのか―イエナプラン教育に学ぶ』平凡社
リヒテルズ直子・苫野一徳（2016）『公教育をイチから考えよう』日本評論社
ロジャーズ，C. 著，カーシェンバウム，H., ヘンダーソン，V. L. 編（2001a，伊東博・村山正治監訳）『ロジャーズ選集（上）』誠信書房
ロジャーズ，C. 著，カーシェンバウム，H., ヘンダーソン，V. L. 編（2001b，伊東博・村山正治監訳）『ロジャーズ選集（下）』誠信書房
ロジャーズ，C ., フライバーグ，H. J.（2006，畠瀬稔・村田進訳）『学習する自由［第3版］』コスモス・ライブラリー
ロジャーズ，C.（1982，畠瀬稔・畠瀬直子訳）『エンカウンター・グループ人間信頼の原点を求めて』創元社
坂本卓二（2003）『フリースクールの歴史―その存在意義と「教育の自由」についての考察－』日本私学教育研究所紀要第 38 号
桜田美津夫（2017）『物語　オランダの歴史』中央公論新社
佐藤修策（1959）神経症的登校拒否行動の研究、岡山県中央児童相談所紀要，4; 1-15.
釈徹宗（2011）『法然親鸞一遍』新潮社
斯波涼介・佐野秀樹（2002）『ラポール形成に関する研究の展望』教育相談研究，40; 61-66.

て』中央公論新社
リーバーマン，D．Z.・ロング，M．E．(2020，梅田智世訳)『もっと！　愛と創造、支配と進歩をもたらすドーパミンの最新脳科学』インターシフト
松枝茂夫・竹内好監修，岸陽子訳（2008）『中国の思想　荘子』徳間書店
松本俊彦（2015）『依存という心理―人はなぜ依存症になるのか』こころの科学，182; 12-16.
三好正男・在里玲子（1960）登校恐怖症の Residential Treatment．臨床心理，3(2); 101-110.
文部科学省初等中等教育局児童生徒課（2022）令和３年度「児童生徒の問題行動等生徒指導上の諸問題に関する調査」について．https://www.mext.go.jp/content/20221021-mxt_jidou02-100002753_1.pdf (2022 年 12 月閲覧)
村山正治（2005）『ロジャーズをめぐって―臨床を生きる発想と方法』金剛出版
村山正治（2010）『心理臨床でいま私が関心を持っていること』佛教大学臨床心理学研究紀要，16; 17-30.
村山正治編（2014）『「自分らしさ」を認める PCA グループ入門―新しいエンカウンターグループ法』創元社
村瀬孝雄・村瀬嘉代子編著（2015）『[全訂] ロジャーズ―クライアント中心療法の現在』日本評論社
内閣府. 青少年のインターネット利用環境実態調査. https://www8.cao.go.jp/youth/youth-harm/chousa/net-jittai_list.html（2022 年 12 月閲覧）
内閣府．青少年インターネット環境整備法・関係法令．https://www8.cao.go.jp/youth/kankyou/internet_torikumi/hourei.html（2022 年 12 月閲覧）
中島義明・安藤清志・子安増生・板野雄二・繁枡算男・立花政夫・箱田裕司編（1999）『心理学辞典』有斐閣
成井豊（2001）『ブリザード・ミュージック』論創社
ニュートン（2019）『死とは何か―死ぬとき，私たちの体に何が起きているのか（ニュートン別冊）』ニュートンプレス
日本心理研修センター監修（2018）『公認心理師現認者講習会テキスト［2019 年版］』金剛出版
野中浩一（2013）『続かなさを課題にもつ子どもたちのもう１つの選択―地方のフリースクールの実践を通して』立命館大学大学院学位請求論文
野中浩一（2017）『「続かなさ」から「続く」への変容―地方のフリースクールにおける 10 年の歩み』東亜大学大学院総合学術研究科臨床心理学専攻紀

文献一覧

デシ，E. L., フラスト，R.（1999，桜井茂男訳）『人を伸ばす力』新曜社
土居健郎（1992）『新訂　方法としての面接』医学書院
遠藤周作（1996）『死について考える』光文社
花まる学習会ホームページ．https://www.hanamarugroup.jp/hanamaru/（2022 年 12 月閲覧）
長谷川公一ほか（2019）『社会学　新版』有斐閣
ハンセン，A．（2020）『スマホ脳』新潮社
原田正文（1995）『こころの育児書―思春期に花開く子育て』エイデル研究所
畠瀬稔・水野行範・塚本久夫編（2012）『人間中心の教育―パーソンセンタード・アプローチによる教育の再生をめざして』コスモス・ライブラリー
樋口進監修（2017）『心と体を蝕む「ネット依存」から子どもたちをどう守るのか』ミネルヴァ書房
本田由紀（2005）『多元化する「能力」と日本社会―ハイパー・メリトクラシー化のなかで』ＮＴＴ出版
ホーナイ，K．（1988，榎本譲他訳）『神経症と人間の成長（ホーナイ全集６）』誠信書房
乾彰夫（2010）『〈学校から仕事へ〉の変容と若者たち―個人化・アイデンティティ・コミュニティ』青木書店
伊藤敏子（2010）『ペーターゼン教育学における心身問題の射程―イエナ・プランにみる心と身体の接点から』三重大学教育学部研究紀要，61; 167-179.
伊藤直文編，村山正治・平木典子・村瀬嘉代子（2015）『心理臨床講義』金剛出版
五木寛之（1998）『他力』講談社
苅谷剛彦（2001）『階層化日本と教育危機―不平等再生産から意欲格差社会へ』有信堂
菊池栄治・永田佳之（2001）『オルタナティブな学び舎の社会学―教育の〈公共性〉を再考する』教育社会学研究，68; 65-83.
Kim, K. et al.（2006）Internet addiction in Korean adolescents and its relation to depression and suicidal ideation: a questionnaire survey. International Journal of Nursing Studies, 43(2); 185-192.
岸政継（2010）『オランダの教育事情について』東京学芸大学　在外教育施設における指導実践記録，33; 212-215.
小林武彦（2021）『生物はなぜ死ぬのか』講談社
キューブラー・ロス，E．（2001，鈴木晶訳）『死ぬ瞬間―死とその過程につい

84. 表面的な言葉や一時的な感情に振り回されず肚を据える
85. 他意なく，把握しよう理解しようと努めれば，溝は埋まる
86. 時代の流れに抗わず乗る
87. 調子が悪い時は大事な判断をしない
88. うまくいくことを求めない
89. こだわりをもって試行錯誤を続ければ，自分なりのエッジが形成される
90. 人との関わりが苦手という言葉の裏には，安全に人と関わりたい願望がある
91. やりながら考え，修正し，またやってみる

《場の運営者として必要だと考えること》

92. 成すべきことへの覚悟を決め，関わる人への責任を身に負う
93. 数字に追われず，数字を操るバランス感覚がある
94. 想像力によって，自分なりの心遣いと気配りを行き届かせて場をつくる
95. 集う人々の情念と執着が場に熱をもたらし支えている
96. 分かった気や，できた気にならず，自分ができていない可能性を疑う
97. 人が安心して社会的成長を遂げるための枠組みや境界を生み出す
98. 事業や企画はやるからには黒字にし，持続性と循環性をもたせる
99. 自分が興味あることを一緒にもみくちゃになってやることで説得力が生まれる

《最後に》

100. 誰しも完璧にはなれないが，以上 99 項を意識して，今，自分なりの一歩を進む

57.「高校生活が楽しかった」と思う気持ちが，将来の糧になる
58. 結果は 10 年後，20 年後でよし
59. 適度な運動が楽しめ，気軽に芸術に親しめる
60. 障害や病気関係なく，気質，年齢含め，多様な生徒が混在するのがいい
61. 料理や手芸など生活に関わる手作りを楽しむ
62. 問題行動や人間関係のトラブルは，生徒・スタッフが相互成長する最大の機会になる
63. 良いも悪いもそれ以外も，経験したことは当事者も含めてフィードバックする
64. テストなどで緊張を最大限演出し，日常の緩みを引き立てる
65. 今ある場所で根を張ることを意識した支援を行う
66. 無責任に，責めない・求めない・執着しない
67. 保護者さんとの連絡は，要所で，問題が顕在化する未然に行い，笑い合える関係づくりに努める
68. 日々のすべてがアセスメントと理解し，目の前の生徒たちの様子をつぶさに感じとる
69. おみやげの受け渡しがあるなど，気持ちを形にし合える関係である
70.「心身の安全，進級・卒業・進路，お金」に関することは，常に 100 点の対応を心がける
71. 卒業生が気軽に相談に来られる
72. 相手がどういう態度・表情・言葉で受けたか，応答に敏感になり，応答から読み取る
73. そこにスタッフと生徒の笑顔がある
74. 人との関係の中で学び続けることで，ある時ピンとくる
75. 対話がある
76. 心身のふれあいがある
77. 多年代での交流が活発である
78. 関わる大人に芯があるから気持ちのバランスがとれて安心感がある

《個人的教訓》

79. 気になったら，先手，即行動，即対話
80. 必ずうまくいく道などないが，うまくいくまで知恵を絞り行動することはできる
81. まずは今できることをする
82. 流れと変化を感じ，受け入れる
83. 身の程を知り，限界を知り，足るを知り，可能性を知る

《場所のつくり方》

30. 教室が整頓されていて清潔である
31. トイレがきれいで居心地がいい
32. 生きた植物がある
33. モノが見える化してあり，どのスタッフや生徒でも何がどこにあるかすぐ分かる
34. 備品が丁寧に扱われており，ほころびや破損に気づき，修繕されている
35. 必要とする人に知ってもらうことを目的とした，必要最小限の周知活動を行う
36. 日当たりがよく明るい
37. 生徒に配布する教材等の商品は，良い状態で渡せるよう心がける
38. 備品は機能や見栄えを吟味し，自らが選び，良いものを積み上げる実感を大切にする
39. ずっと継続できる場所づくりと，そのパターンをイメージする
40. シンプルな構造にする，複雑になったらシンプルに戻す
41. アットホームで家族的な関わりある空間である
42. 事務やパソコン仕事の時間は削減に努め，関わりの時間を大切にする
43. 自分がしてもらったから，相手にもしようと思える好循環を生む
44. 何気ない日常や退屈も大事
45. 自発的なあいさつが生まれる場所である
46. 自分から掃除したいと思える場所である
47. 必ずしも形を整えすぎず，曖昧さもひとつの形と認める
48. 完璧よりも，不完全でも一生懸命な日々の積み重ねを行う

《成長力を発揮する仕組み》

49. 一緒に遊ぶ
50. 来るものは拒まず受け入れる
51. その子の成長を阻害している何かを見立て，緊張と不安を緩和していく
52. できるところから勉強を始め，次第に周囲との関係が構築される中で，自然と歩調が合ってくる
53. 五感を使う機会を積極的にもつ
54. 生徒がある程度の選択・決定権をもつ場であり，生徒本人が納得できるプロセスをつくる
55. 実体験から感じ，学び，やればわかるを積み重ねる
56. 場にいる成員それぞれ，その日にやるべきことがある

6．仕事や家事のあれこれから，心身と頭を離す時間をつくるなど，頭脳の保守管理を行う
7．支援者として長く誰かの役に立つために，人に与えるばかりの聖人になるのではなく，人にも与えて自分ももらうくらいの図々しさを兼ね備える

《支援者としてのあり方》

8．せまく，ふかく関わる
9．家庭の補助として機能し，子どもを支え，家族をも支える，いち資源となる
10．目の前の小さな成長と小さな変化を感じ取る
11．正しいか否か，白か黒かといった二元論に陥らず，中間と奥行を想像する
12．まず身近な1人の幸せに寄与する
13．関わる大人が自己一致していること，自分として今この場にいることを楽しむこと
14．その人がもつ成長力を楽しみ，将来への期待をイメージする
15．子どもと関わるスタッフが進んで情報共有している
16．スタッフと生徒の間に，垣根はないが線引きはある
17．その日の出来事や生徒に思いを巡らせ，顧みる時間をもつ
18．自らの手だし・口出し・先回りに気づく
19．「～させる」ではなく，困難の乗り越えを一緒に経験する
20．教える以上に，一緒に考える
21．極に立たず，何事においても平衡感覚をもつ
22．本当のところは「分からない」から出発し，「分かる」と「分からない」を仕分け，意識する
23．まずは居る安全感を得て，その後遊びや勉強を通じて自律が生じ，自然と社会への船出が成る
24．自分に興味・関心をもたれるから勇気が出て，お互いの理解が深まるから安心できる
25．将来にわたって支え合える大人や近い年代との出会いの場であり仲介の人となる
26．方法論や固定された思考よりも，今目の前にある現象や動きと向き合う
27．未完成で洗練されていないからこそ，お互いの学び合いと成長の新陳代謝が生じる
28．成長の立会人となり，「がんばろう」より「がんばったね」と言える存在になる
29．結果として，自然と取り組みが継続している

最後に，本学園の理念とこだわりを付録として添付します。下記は，ただでさえ心身が不安定になりがちな思春期において，不登校という困難を経た子どもたちを受け入れる者としての私が何を考え何を大切にしているか，その思考や仕組みを短い言葉にして整理したものです。

ここに挙げている項目は，私自身の感覚に基づいたものであり，正しいか正しくないかといった類いのものではありません。そのため，あくまで“付録”扱いにさせていただいています。心理，教育，福祉，医療の現場で働いている方，フリースクールや通信制高校サポート校など居場所を作ろうと考えている方の参考の１つになれば幸いです。

松江未来学園「理念と 100 のこだわり」

理念

・ずっと相談できる場所
・学校の機能＋家庭の機能（の補助）
・せまく・ふかく関わる場づくり

目指す方向性

いま目の前にある環境（自ら選択した環境）において，調和と妥協の中で折り合いをつけながら，学業や仕事，そこに含まれる人間関係を維持・継続させられる人材育成

対人援助のちいさな場づくり　100 のこだわり

《支援者としてのコンディション》

1．自らに，時間と気持ちと経済に少しの余裕があり，他事にとらわれず注力できている
2．スタッフ同士の信頼が第一
3．身近な家族関係が良好であれば，人への支援が充実する
4．熱意ある人，良い作品に触れ，心を動かす
5．身体が疲れたら寝る，頭が疲れたらぼーっとする，なまったら身体を動かすなど，心身の保守管理を行う

著者紹介

野中浩一（のなか・こういち）

1978 年生まれ。立命館大学大学院修士課程修了。東亜大学大学院博士課程単位取得満期退学。大学で心理学、専門学校では精神保健福祉学、大学院（修士課程）で人間科学を修め、大学院（博士課程）では臨床心理学を専攻。心理学および対人援助学の観点に基づく教育の実践と研究を行う。

主に集団（グループ）での関係づくり、10 ～ 20 名程度の小集団教育、家族関係相談が専門。フリースクール運営のほか、スクールカウンセラー、講演・研修講師、執筆家として活動。

カウンセラー、元《もと》不《ふ》登校《とうこう》の高校生《こうこうせい》たちと、
フリースクールをつくる。

学校に居づらい子どもたちが元気に賑わう集団づくり

2023 年 10 月 10 日　第 1 刷

著　　者　野《の》中《なか》浩一《こういち》
発 行 人　山内俊介
発 行 所　遠見書房

遠見書房
〒 181-0001 東京都三鷹市井の頭 2-28-16
TEL 0422-26-6711　FAX 050-3488-3894
tomi@tomishobo.com　https://tomishobo.com
遠見書房の書店　https://tomishobo.stores.jp

印刷・製本　太平印刷社

ISBN978-4-86616-175-4　C0011